MARÍA MAGDALENA
UNA IMAGEN VERDADERA

SHANTJOTI KAUR

Título: *María Magdalena*
Subtítulo: Una imagen verdadera
Serie: El Camino de la Paz
Volumen: IV
ISBN: 978-84-09-80266-1

Edición: Yolanda Barambio
Corrección: Esther Magar
Año de edición: 2024
Ilustración de cubierta: Julia Even
Página web de la ilustradora: https://julia-even.com/
Maquetación y diseño de cubierta: David Generoso

Contacto: shantjotikaur@gmail.com.

ÍNDICE

A todos aquellos que brillan en el olvido

1. UN RELATO CONTROVERTIDO

Si María Magdalena trascendió en la historia fue únicamente por ser la primera testigo de la resurrección de Jesús. Que ella anunciara un hecho tan significativo fue la prueba más palpable de la veracidad del relato cristiano, de ahí que los evangelistas respetasen su figura para comprender mejor a Jesús. Sin embargo, la tradición de la Iglesia y la espiritualidad universal han olvidado su importancia.

Cuando era cristiana practicante, el misterio de la muerte y resurrección de Jesús no llegaba a mi corazón tal y como me lo contaban, aunque lo aceptaba por todos los signos amorosos que me transmitía, prueba de que Jesús seguía vivo. La comprensión intelectual es bastante limitada y la sabiduría por experiencia no se basa solo en lo vivido, sino también en la relación energética que entablamos con la realidad invisible, lo que sentimos. Creo que por eso me interesé por las técnicas tántricas, gracias a las que abracé todo lo que soy, incluso mi sombra, e inicié un camino de ascenso a través de lo divino que hay en mí; en esa transformación real, formo parte de la Divinidad y de mi propio proceso espiritual. Sigo siendo cristiana, pues me resulta conmovedor que Dios quiera que lo salve, que lo ayude a resucitar, como hizo María de Magdala con Jesús aquel sábado bendito. Me enamora esa unión de lo humano y lo divino. Y ahora la comprendo mejor, puesto que ya no es solamente un discurso mental, sino algo que se corporiza en mí. Lo he vivenciado.

En el Evangelio de Juan se afirma que Jesús resucitado eligió manifestarse primero a la Magdalena y que entre ambos existía una relación de preferencia, afecto y familiaridad. Los relatos evangélicos son muy interesantes, solo disponemos de ellos como fuentes documentales, pero están mediatizados por la necesidad de minimizar el rol de María Magdalena en un acontecimiento tan trascendental. De ahí que los canónicos hayan limitado la intimidad entre ambos y no la hayan reconocido de inmediato.

Las razones por las cuales se han excluido las enseñanzas de María Magdalena y su testimonio sobre la muerte y la resurrección nos llevan a reflexionar acerca de todo lo que rodea a Jesús y sus discípulos, sin perder la perspectiva histórica ni forzar los textos narrativos. He escrito cómo pudo ser ese encuentro entre Jesús y Magdalena pensando en cómo lo contaría una mujer enamorada, con fe y esperanza. Este sería mi relato acerca de la resurrección de Cristo, testimonio de mi fe y de mi historia de conocimiento interior y meditación:

> A la salida del sol, María la Magdalena se dirigió al sepulcro. Vestía de oscuro y su bolsa de seda colgaba de su cinto abultada por reci-

pientes de alabastro cargados de aceite de mirra y lienzos para envolver de nuevo el cuerpo de Jesús. Sin dudar, acompasó sus pasos al recuerdo, dejó atrás el sábado de su visión, la premura de José de Arimatea, cómo había improvisado el embalsamamiento de Jesús para el tránsito de la muerte a última hora del viernes, cuando lo bajaron de su cruz. Olvidó el dolor, la pena, e invocó aquel momento inolvidable en el Calvario, la certeza en la mirada de Jesús y la visión de la casa de Betania, cuando había derramado el aceite sobre su cabeza y desparramado el perfume de nardo hasta las pisadas dolorosas que Jesús habría de clavar en la tierra, preparándolo para el descenso a los infiernos, como él mismo anunció: «... hizo lo que podía: adelantó el ungimiento de mi cuerpo para el entierro. Pero os aseguro que, cuando se anuncie la buena noticia a todo el mundo, también lo que hizo esta será referido para recuerdo suyo».[1]

Solo una verdadera compañera de vida del condenado tendría permiso para franquear el umbral de la tumba que los guardias romanos custodiaban; solo la llamada a dar testimonio de un hombre que, por la fuerza divina de su espíritu, vencería a la muerte. Aquel aceite de nardo se había transformado en el cuerpo dulce y sereno de María, el útero que acoge a su amado mortal. Así que, aquella mañana de domingo, como mujer divina, le bastó vislumbrar un resquicio del sepulcro para comprender que el cuerpo no estaba allí.[2] Entonces vio a uno de los guardias pálido y temblando de miedo, incapaz de comprender cómo, tras su breve ausencia, una roca tan pesada se había retirado. Y ella, como mujer, como humana, le rogó que le dijera dónde había escondido a Jesús, ese misterio profundo para la humanidad, ese tesoro revelado que anuncia una nueva fe, un valor eterno para la carne, un reino real que resucita nuestra vida física en esta tierra. Como el custodio no respondía, decidió entrar y percibió a dos ángeles, uno a la cabeza y otro a los pies del sepulcro; y entendió que aquel vigilante no sabía nada, pues el hecho era milagroso.

Luego, una voz masculina dijo detrás de ella:

—María, ¿por qué lloras?

Al darse la vuelta, vio a su Señor y exclamó:

—Rabí.

Y escuchó:

—No puedes tomarme porque he subido para siempre al Padre.

No estoy interpretando libremente las palabras de Jesús a María Magdalena, sino que revelo el sustrato arameo[3] del pasaje conservado en lengua griega del Evangelio de Juan. Mi antiguo profesor de Orígenes Históricos del Cristianismo sugiere la traducción que acabo de citar, basada en el origen semítico del evangelio[4]:

—... llégate a mis hermanos y diles: «Subo a mi Padre y vuestro Padre, Dios mío y Dios vuestro».

María se marchó para anunciar a los discípulos «He visto al Señor» y que le dijo estas cosas.[5]

Aunque asistí a un colegio católico, fui escéptica respecto a temas religiosos hasta los quince años, cuando me convertí al cristianismo en un campamento de verano.

Siempre he valorado las fuentes documentales y el contexto histórico, no solo porque soy historiadora, sino también archivera, pese a que lleve muchos años sin ejercer como tal. Sin embargo, en la universidad, cuando busqué conocimiento sobre el cristianismo a través de los investigadores católicos del sustrato arameo de los evangelios canónicos, me di cuenta de que no alcanzaría certezas morales con esos estudios que siguen métodos parecidos a los de la ciencia. Puesto que la mente racional no es el último tribunal de un asunto tan importante como la espiritualidad, aprendí a utilizarla para aproximarme a la verdad del corazón y responder a las preguntas de la humanidad acerca de nuestro afán de justicia, belleza, felicidad. Por ello, en mi investigación ligo las fuentes y el contexto histórico a varias formaciones que he realizado sobre yoga, meditación, sagrado femenino, círculos de mujeres, psicodrama y el fenómeno de la conexión entre llamas gemelas, a raíz de mi encuentro con mi llama gemela.

José Miguel García, estudioso del sustrato arameo de los textos bíblicos y autor de una de las traducciones que he usado, fue para mí un referente en mi camino de fe. Era el capellán de la facultad, un señor observador, humilde, conocedor de sus límites, que solía estar en silencio, pero que se atrevía a expresar abiertamente sus opiniones y siempre escuchaba a sus opositores. Aquí me aventuro a ampliar las miras de sus enseñanzas, sus esfuerzos por abrir nuestra razón a la doctrina y que confiemos en la fuente para valorarla, como si el afecto por el autor nos llevara al núcleo de la historia.

En mi proceso de investigación, además de mi amistad con sacerdotes que estudian el sustrato arameo, destaco otro hecho: al revisitar los textos de los orígenes históricos del cristianismo y acercarme a las versiones apócrifas —que en la universidad evitaba para no perder el hilo de la fe—, me he encontrado con una mujer que me ha ayudado a hacer un viaje espiritual de recomposición de mi propio camino: Cynthia Bourgeault, sacerdote[6] de la Iglesia episcopal. La conocí a través de su obra *The Meaning of Mary Magdalene*, un valioso trabajo de investigación basado en su práctica espiritual. La historia de amor entre la autora y un hombre real, una historia que continúa más allá de la muerte, le sirve para exponer el amor entre Jesús y María Magdalena, que ella describe a través de un estudio de los evangelios y de las fuentes cristianas. De este modo, propone una renovación litúrgica y recuperar los misterios relegados por la Iglesia a un segundo plano, por ser las expresiones de ese amor entre hombre y mujer. Su experiencia la ayuda a comprender el cristianismo como un acontecimiento presente que tuvo su origen en hechos del pasado y la utiliza como catalizador de su obra.

Pero Cynthia es una exégeta y yo no lo soy, aunque durante aquellos diez años de cristianismo, ya lejanos, me interesara por la doctrina y dejase algunas cuestiones en el aire, que ahora trato de responder y enriquecer con mi mayor apertura y bagaje.

La Iglesia católica ha cuestionado la traducción de los evangelios canónicos, y esto es crucial, pues la principal institución garante de la fe cristiana reconoce que hay que poner en duda la literalidad de las fuentes. En cualquier caso, por mucho que se investigue la lengua original en la que fueron escritas, la clave es la neutralidad. La narrativa de los textos espirituales se tiñe de neutralidad cuando se olvida de la secuencia lógica y abre el lenguaje al simbolismo y a la percepción sensorial; pero los evangelios aportan la información necesaria para que una comunidad de creyentes se haga una idea de la vida de Jesús, con omisiones importantes y recursos literarios que favorecen la coherencia interna hasta el punto de que se pierde la verosimilitud, como sucede en muchos pasajes de la Biblia. Lo que se pretende es ofrecer un relato básico que evite las dudas en el adepto.

Hace unos años, *La tienda roja*, de Anita Diamant, me introdujo en la perspectiva del *midrash*, el mensaje secular de los creyentes que, en su intrepidez, sugieren una interpretación distinta a las oficiales de las partes más oscuras del relato religioso de nuestra cultura occidental: la Biblia. Esa novela, una de las que más veces he leído, fue escrita tras una reflexión sobre la inverosimilitud de unos versículos que parecen justificar un episodio de violencia protagonizado por líderes de Israel. En este caso es la Biblia, pero podría cuestionarse cualquier otro libro sagrado, ya que la intención moral de estos ha sido influir en las civilizaciones hasta nuestros días, de ahí su importancia. La autora, adentrándose en el universo cotidiano de los tiempos de Jacob, ofrece una visión embriagadora, sugerente y también verosímil de lo que quizás le sucedió a Dinah, la única hija de Jacob. Y lo hace sin la pretensión de defender una nueva ideología. No conozco a Anita Diamant, salvo por lo que he leído de ella en algunas entrevistas, pero su obra me parece una prueba palpable de su lealtad a la verdad, más allá de las fuentes escritas. Por eso me he atrevido a relatar la resurrección basándome en mis investigaciones y en lo que en mi vida tiene que ver con María Magdalena.

Vuelvo al relato de la resurrección que he propuesto al lector.

En mi labor de historiadora, sin que mi intuición vislumbre nada que supere la razón aplicada al ámbito de los comportamientos humanos, me cuesta creer que unos guardias[7] le preguntaran a María Magdalena «¿por qué lloras?» cuando ellos mismos no comprendían qué había sucedido en el sepulcro. Esta vez no le doy tanto valor a la traducción de los estudiosos que revelan el sustrato arameo del texto. Considero que lo más razonable es que, debido a que María Magdalena acude muy temprano, el custodio estuviera ausente y por eso no se le mencione al principio del relato, pero que, cuando ella se lo encuentre, le pregunte qué ha hecho con el cuerpo de Jesús. Aunque el episodio de los ángeles resulta poco clarificador, en mi opinión, el problema no radica en que María Magdalena no reaccione al verlos, como afirma José Miguel García, puesto que él mismo reconoce que el evangelio es un relato estilizado y María Magdalena da muestras de fe desde el inicio, sino en otro hecho fundamental: en el Evangelio de Juan, los ángeles, en vez de anunciar la resurrección, como sucede en otros evangelios, tienen un papel simbólico que alude al principio y al fin de la existencia humana, dado que se sitúan a los pies y a la cabeza del sepulcro. No me parece plausible que ellos preguntasen «¿por qué lloras?», puesto que no pronuncian más palabras. Pienso que María Magdalena comprendió que el guardia no sabía nada, pues los ángeles, con su mera presencia, anuncian que ha acontecido algo excepcional. No hay ningún cuerpo desaparecido.

¿Por qué en mi relato hay un solo guardia y no dos? Porque lo más probable es que uno de los guardias corriese a avisar a las autoridades de lo que había sucedido, esa era su función social. Tampoco me resulta verosímil que Magdalena confundiera a Jesús resucitado con el hortelano. Es difícil de creer que su compañera no reconociese su voz, y si esta hubiera cambiado, Jesús seguramente la llamase por su nombre, como se recoge en el Evangelio de Juan. Se conocían y él iba a revelarse a ella. Así que, por más que reviso la fuente evangélica, mi mente racional no termina de encajar las piezas porque no es un relato escrito para ser entendido de esa forma.

La resurrección es un hecho excepcional que diferencia al cristianismo de las otras religiones y el primer testigo fue una mujer que mantuvo una relación estrecha con Jesús y que, además, no dudó. En el reino del corazón, el amor es más fuerte que la muerte.

En todos los evangelios canónicos, las mujeres son las primeras testigos de la resurrección. Si nos atenemos al relato del evangelio más antiguo, el de Marcos, fueron María Magdalena, María la de Santiago y Salomé quienes acudieron al sepulcro vacío, pues quizás María Magdalena no quisiera concluir sola las labores mortuorias o necesitara ayuda para cargar las grandes cantidades de aceite que se empleaban en el embalsamamiento. En el final de este evangelio, el sustrato arameo también nos ofrece una información valiosa: «a nadie nada dijeron sin que fueran tenidas por perturbadas»[8]. La triple negación dificulta que se traduzca esta frase, pero es razonable pensar que el testimonio de las mujeres, precisamente por el hecho de serlo en la sociedad palestina de la antigüedad, ocasionara rumores de desequilibrio mental. Como afirma también el Evangelio de Lucas, los discípulos no las creyeron. En cualquier caso, no parece lógico creer que María Magdalena fuera una discípula más de Jesús si se acercó al sepulcro a embalsamar el cadáver que habían acondicionado José de Arimatea y Nicodemo.

Si la interpretación del texto sagrado no es neutral, pues está filtrada por la subjetividad o los acuerdos de las comunidades que fundan las religiones, entonces el relato bíblico se ha teñido de linealidad, de la perspectiva patriarcal predominante. Es necesario restablecer la visión femenina, o yin, perdida muchas veces en los ecos de la historia oral o en los registros arqueológicos, pero que se conserva en la memoria de la vida cotidiana de las mujeres, con el fin de avanzar en el conocimiento y recuperar el equilibrio en nuestra cultura religiosa. La espiritualidad se desarrolla con nuestra intuición, la que ha sido olvidada por la historia, y nos permite superar las limitaciones de la mente racional sin dejarla de lado.

Los evangelios son relatos sobre Jesús y sus enseñanzas. Su lectura nos invita a conocer a un hombre real, sus relaciones y su modo de vivir.

El cuerpo de Cristo había resucitado, ya no sangraba, ni comía, ni bebía, pero era carne y hueso, en él se apreciaban los agujeros que habían horadado los clavos hacía unas horas y las heridas que le habían infligido. Ya no sufría: estaba en la casa de Dios, pero en esta tierra. Jesús había resucitado a algunos muertos, que, al revivir, tenían necesidades fisiológicas, él no. Ni siquiera necesitaba abrazar a María Magdalena. Su cuerpo había sido conquistado por su espíritu; su rostro reconocible, luminoso, se preparaba para abandonar este mundo. Magdalena, antes de que él muriera en la cruz, lo había ungido, protegiéndolo en la última espiración, lo había acariciado y, al masajearlo con el ungüento, la fragancia del nardo había invadido los rincones de su casa y penetrado en la piel de Jesús hasta calentar su sangre. Pero tras la resurrección no volvería a tomar su cuerpo. No era necesario para quien siempre creyó en su Señor.

Hasta llegar a este análisis, he estado algunos años reflexionando, pero lo cierto es que el avance más importante lo he realizado en este último. Ahora sé que María Magdalena está en mí, tan cerca de mi alma que no me queda duda. Sin embargo, en mi vida ha aparecido tarde, con sigilo.

Pasó desapercibida durante el año 2000 jubilar y de peregrinación. No se hablaba de ella para afianzar la fe. Recuerdo que mi madrina me dijo que María Magdalena seguía a Jesucristo a todas partes, pero fue solo una respuesta a los interrogantes que me suscitó la opinión que Gedeón[9] tenía de aquella mujer, una pecadora arrepentida a la que Jesús no frecuentaría. Mi amigo me criticaba por mi tendencia a relacionarme con gente conflictiva, sexual, y me comparaba con la Magdalena. Su postura no resonaba con mi conciencia, por eso pertenecimos a comunidades espirituales diferentes. No quise seguir su camino. A pesar de la vocación enjuiciadora de sus palabras, era cierta su observación sobre las personas que me rodeaban y sus situaciones. También hay oscuridad insalvable en mi energía, en lo profundo de mí.

Para los cristianos que conocí, Magdalena cumplía un papel secundario en el evangelio, no porque fuera irrelevante para la Iglesia, sino por lo que se especuló en torno a su figura y a su relación con Jesús a raíz del siglo XIX. No era bueno hablar de ella para conocer a Jesús. Pero ella es también protagonista de la resurrección de Jesús, el acontecimiento más significativo del relato evangélico.[10]

2. EN EL PRINCIPIO: LOGOS Y SOPHIA

La creación es un inicio, sin embargo, también es una separación. En ese momento, la Divinidad abandona su estatismo y, según las tradiciones judía, cristiana e islámica, Creador y creación se separan. Esa distancia, ese vacío entre ambos, hace que el regreso a la unidad precise de un principio mediador muy cercano al origen; pero, para tener esa capacidad, el principio ha de ser al mismo tiempo divino y humano. El Logos, en la tradición judía, es la palabra creadora de Dios, aunque no es única, sino que está unida a la Sophia, la sabiduría divina.

Volviendo al Evangelio de Juan, que me ha inspirado y es un documento canónico, si nos atenemos al lenguaje simbólico que subraya y humaniza el relato y a su comienzo[11], un himno compuesto para ser recitado en las iglesias, la palabra Logos designa al Verbo, una realidad divina creadora preexistente a la creación; sin embargo, no menciona a Sophia, si bien está implícita, como veremos. Jesús es el Logos encarnado, el mediador que vivió entre hombres y mujeres.

Mi reencuentro con María Magdalena y con el cristianismo fue gracias a una sacerdotisa, en cuya casa recibí el primer llamado de mi llama gemela, durante una meditación. Ella era una seguidora de María Magdalena, de su presencia energética en nuestra vida cotidiana. A pesar de la belleza que descubrí en su casa, la fuerza de la llama gemela fue más grande que mi llamado al sacerdocio, y años más tarde, en soledad, hallé la conexión suficiente para profundizar, como la historiadora que se pregunta cómo conocer a una mujer del siglo I a través de documentos y de lo que sabemos de aquella época. El estudio del arquetipo magdala está muy en boga, pero yo tenía otras preguntas, y mi inquietud me llevó a utilizar mi mente racional para llegar al umbral de la fe y abandonar la necesidad de entenderlo todo. Agoté mi tendencia a explicar exhaustivamente y, tras mi proceso de investigación, obtuve algunas hipótesis que me abrieron a un nuevo modo de comprender lo que sucedió. Pero antes, como todos los historiadores, comencé por la lectura de los evangelios.

Los cuatro evangelios canónicos no constituyen la única fuente espiritual para acercarnos a los acontecimientos reales que dieron origen al cristianismo. Dentro de los textos apócrifos[12], hay tres evangelios que manifiestan una sabiduría semítica acorde a la espiritualidad de Jesús, los de Tomás, María y Felipe. La investigadora Cynthia Bourgeault los denomina evangelios de la sabiduría para diferenciarlos de otros apócrifos, pues tienen referencias a los evangelios canónicos y su doctrina, por lo que no pueden atribuirse a la corriente filosófica llamada gnosticismo, o al menos no a sus formas más complejas, aquellas que se distancian claramente de la predicación de Jesús de Nazaret. Otros autores, como Paterson Brown, también consideran que algunos evangelios apócrifos, por ejemplo, el de Tomás o el de Felipe, no pueden catalogarse de gnósticos al no estar insertos en la corriente filosófica que afirma que la realidad material es ilusoria, aunque hayan influido en los escritos gnósticos posteriores.

Los evangelios apócrifos de Tomás, María Magdalena y Felipe permiten conocer hechos reales e históricos acerca de los apóstoles y de Jesús, así como sus enseñanzas. Ciertamente, no son narraciones de la vida de Jesús, pero se entroncan con los relatos de los evangelios canónicos y beben de fuentes similares. Su importancia se debe a que clarifican el papel de María Magdalena en los orígenes del cristianismo. Hay que tener en cuenta que el gnosticismo sofiánico toma esos evangelios como referencia, pero su naturaleza es distinta.

Existen bastantes evidencias que apoyan que el Evangelio de Tomás es contemporáneo al texto canónico de Juan, así que se trata del más antiguo de estos tres documentos.[13] Se escribieron con la intención de instruir a los cristianos para alcanzar el conocimiento interior y también tienen alusiones a la vida de Jesús que no parecen simbólicas. Por tanto, muestran cómo era la doctrina cristiana en sus orígenes. Al estudiarlos, nos percatamos de que esa doctrina ha permanecido en el cristianismo esotérico, incluso en la ortodoxia.

Sin embargo, hay un problema: como la corriente ortodoxa de la Iglesia destruyó documentos apócrifos, nos han llegado muy fragmentados y cuesta hallar los orígenes materiales de sus enseñanzas. Si nos atenemos a los tres evangelios magdalénicos, la mayor parte de su extensión se conserva en copto sahídico. Esta lengua no se hablaba en los lugares en los que Jesús predicó, sino en Egipto. También se encontraron dos fragmentos en griego en uno de ellos,[14] pero son algo tardíos, pues no parecen tener un sustrato semítico. Carecemos de pruebas de que fueran escritos alguna vez en arameo, como sucede con los evangelios canónicos.

El Evangelio de Tomás es el que presenta más posibilidades de proceder de fuentes semíticas de las predicaciones de Jesús como maestro espiritual, pero resulta más difícil hacer una traducción inversa a partir de los textos porque no sabemos si existió una primera traducción al griego. Además, fue escrito en varias etapas, lo cual complica su estudio. Aunque se generó en parte en la Fuente Q[15], cuenta con otras fuentes que no aparecen en los textos canónicos. Su finalidad es transmitir las enseñanzas, no narrar los acontecimientos históricos de la vida de Jesús. En los orígenes de cualquier religión, lo más importante es transmitir la sabiduría de la persona que inicia una nueva espiritualidad. Muy probablemente, a través del relato oral, los primeros cristianos, hombres y mujeres, explicaron a sus semejantes qué decía Jesús acerca de la existencia; nadie pudo evitar que se pronunciaran esas palabras y que se propagase la buena nueva. Así que, a pesar de lo que sugieren las fuentes evangélicas, la datación cronológica basada en la filología no es exacta, pues no tiene en cuenta que también hubo enseñanzas orales ni la actividad destructiva que se produjo al comienzo del proceso de unificación de la doctrina cristiana.

Por tanto, los primeros documentos son contemporáneos a Jesús y plasman una imagen particular de él y del significado de su vida. Esta representación es coherente en todos los evangelios canónicos, aunque se muestra con mayor profundidad en el último. Si aceptamos que hubo una versión aramea de la comunidad cristiana primitiva más cercana a Jesús, previa a su traducción al griego, el Evangelio de Juan está datado en algún momento de la segunda mitad del siglo I, y presenta una cristología más madura que la que subyace en los evangelios sinópticos (Marcos, Mateo y Lucas), pues el tiempo dio espacio a una reflexión sobre la naturaleza de Jesús. El valor simbólico del Evangelio de Juan lo convierte en el texto canónico más universal. En este sentido, es el evangelio paradigmático de la corriente cristiana exotérica, pues narra los acontecimientos, y el Evangelio de Tomás se considera uno de los referentes de la corriente esotérica expresada en la sabiduría de Jesús. Estos dos evangelios actúan como bisagra entre la ortodoxia y la heterodoxia, como un diálogo entre ambas corrientes. Se asemejan en que utilizan el simbolismo para favorecer la comprensión mística, abierta a dimensiones no positivistas de la historia de Jesús (si el positivismo se enfoca en el relato de su condena y en sus causas, el buscador espiritual acopia información sobre su vida cotidiana y su mensaje).

Aunque no tengamos datos suficientes que nos permitan afirmar que el Evangelio de Tomás se gestó en una época tan temprana como los evangelios canónicos, sus características lo convierten en un texto con información relevante sobre los orígenes históricos del cristianismo. Sus más que probables errores de traducción nos invitan a una reflexión teológica, más que filológica, sobre los significados de las logias de este documento. Durante mi proceso de investigación, he profundizado en *The Meaning of Mary Magdalene*, donde se exponen los posibles significados de las frases más oscuras de este evangelio, teniendo en cuenta su carácter esotérico y que algunas de sus fuentes son comunes a los evangelios canónicos. Una vez clarificados los conceptos, encontramos información valiosa para incorporar una visión renovadora y coherente con las enseñanzas que conocemos de Jesús y para darle un nuevo lugar en la historia a María Magdalena.

En mi opinión, la obra de Cynthia Bourgeault resulta fundamental para comprender la espiritualidad cristiana. Gracias a ella, concluimos que María Magdalena no fue apóstol únicamente por ser testigo de la resurrección, sino por formar parte del círculo más íntimo de Jesús y enseñar junto con él un camino espiritual, como muestran los evangelios. En ese sentido, me parece crucial el estudio del evangelio apócrifo que lleva su nombre. El estilo de los diálogos del Evangelio de María Magdalena es propio de la narrativa del Medio Oriente, tiene un carácter más dramatizado y en la actualidad se enseña en algunas escuelas sufíes que la autora conoce. Nos encontramos con una fuente que se mantiene en la circunscripción cultural semítica que nos acerca al Jesús histórico. Como Cynthia expone magistralmente, este evangelio es clave porque relata la división que se produjo entre los apóstoles liderados por Pedro y al menos dos —Leví y Tomás[16]— que aceptaron lo que los demás rechazaron: el hecho de que Jesús transmitiera a su discípula predilecta enseñanzas diferentes a las que ellos habían recibido. Así Leví[17] queda al margen del canon.

El Evangelio de María Magdalena, recuperado en lengua copta, fue escrito originalmente en griego, quizás traducido al siríaco, pero sería muy difícil llegar a la fuente en arameo, si existió. Los fragmentos previos que se han encontrado no dan muestra de que existiera, y una traducción sin la base de un sustrato real en arameo carecería de valor. Por fortuna, basta con leer entre líneas para aproximarse al núcleo de ese diálogo. A pesar de la mutilación del texto, la autora estadounidense lo reconstruye y sugiere que María Magdalena se presenta claramente como testigo del descenso de Jesús al inframundo. Antes de esta visión, el primer diálogo entre discípulos tiene lugar entre la resurrección y la ascensión. El momento crucial se produce cuando María Magdalena, alentada por Pedro, cuenta:

> Vi al Maestro en una visión y le dije: «Señor, te veo ahora en una visión». Y él me contestó: «Eres bendita, María, pues la visión de mí no te altera...

La investigadora presenta como hipótesis razonable que María Magdalena tuviese esa visión cuando Jesús estaba fuera de su cuerpo, en otro reino, y ella permanecía junto a la tumba, como dicen los textos canónicos, o vigilando en el huerto. Se convierte en un espejo que relata el ascenso[18] de Jesús desde el inframundo y las siete etapas que transita el alma para alcanzar la liberación. Este acontecimiento fundamental refuerza el papel de la Magdalena como apóstol; pero, además, las enseñanzas de su evangelio entroncan con el de Tomás, donde Pedro se cuestiona que una mujer sea digna de la vida apostólica y Jesús le recuerda que abrazar el *anthropos* implica dejar atrás el hecho de ser hombre o mujer. El párrafo final de este evangelio genera bastante polémica y trata justo sobre eso: la necesidad de trascender el género para ser digno de la vida de un discípulo.[19]

De igual modo, existe un vínculo importante con el Evangelio de Juan, que algunos investigadores relacionan con el Cantar de los Cantares y en el que la figura central es el amor. Por Marcos y Lucas solo sabemos que Jesús había expulsado de Magdalena siete demonios,[20] pero no que fuera una pecadora arrepentida. Y precisamente siete son las fuerzas que el alma de Jesús combate durante el ascenso desde el inframundo:[21]

> ... la oscuridad, la fuerza del ansia, la ignorancia, el ansia por la muerte, la esclavitud del cuerpo físico, la falsa paz de la carne y la compulsión de la ira.[22]

María culmina el proceso de unirse a Jesús y refleja el camino de negar las fuerzas mortales que conlleva liberar el alma. Da testimonio de la transmutación de lo que hoy podríamos llamar bajos astrales. Es necesario pronunciar la negación de lo que no somos para ofrecer el sí a la verdadera identidad. Así, el alma regresa a casa.

Del cristianismo católico aprendí cómo la razón humana es el instrumento para abrirse al misterio, para recibir la gracia, guiada por el corazón a través de una dinámica experiencial. Y, del cristianismo no romano, Cynthia Bourgeault resalta el ánimo ascético del creyente para abrazar la unidad en el corazón; un camino que trasciende el género porque reúne la polaridad original.

Con el tiempo, el gnosticismo especulativo de Valentino (posible inspirador, no autor, del Pistis Sophia[23]) y otras corrientes completaron las fuentes originales, sobre todo en Alejandría, desde nuevas perspectivas cristianas más alejadas de los hechos que dieron lugar al cristianismo, pero también valiosas como objeto de estudio.[24]

Las aportaciones que ofrece la complejidad filosófica de estos textos del gnosticismo rebasa las enseñanzas de Jesús y de María Magdalena, pues en ellos hablan filósofos y no maestros espirituales de cultura semítica, que es lo que fueron ambos. Los evangelios magdalénicos sí se ciñen a los acontecimientos reales, pero causan extrañeza al lector acostumbrado a la palabra de las iglesias, pues abordan un ámbito más cercano al proceso espiritual interior, aunque también citan momentos relevantes de la vida pública de Jesús. La visión de María Magdalena, testigo del misterio pascual, se presenta de manera inequívoca en el evangelio que lleva su nombre y es una prueba clara de que ella se transforma en imagen de Cristo. Este concepto no resulta ajeno a las personas que frecuentan la riqueza simbólica de la espiritualidad monástica: «esposa, madre y hermana de Jesucristo».[25] Ella relata la visión y se convierte en apóstol de los apóstoles.[26] En este evangelio, además de un símbolo, hay una realidad tangible: la comunión amorosa de un maestro con una discípula femenina. Solo afirmo que mi comprensión de los misterios cristianos, tal y como los conocí, es ahora más profunda; en parte, se ha clarificado gracias a Cynthia Bourgeault, que lleva muchos años rastreando el significado de María Magdalena en la liturgia y en los textos sagrados.

En su regreso del descenso, Jesús asume una energía tradicionalmente oculta, reservada a lo femenino, y María Magdalena asume la energía del maestro, tradicionalmente reservada a los hombres. Ella permanece en la realidad física mientras él está en otro plano, y luego se separan, pues Jesucristo asciende al cielo. Aunque hay muchas similitudes entre esta historia y el mito de Isis y Osiris, el personaje histórico de María Magdalena no fue sacerdotisa de Isis (afirmación que procede de una novela publicada en 1931), sino, probablemente, una curandera de cierto nivel social en Oriente Próximo. Por tanto, su vínculo con Isis es de carácter arquetípico, no una realidad en el plano físico. Veremos que esta asociación nada tiene de casual y que está influenciada por la cultura artística.

El diálogo dramático de los personajes del Evangelio de María Magdalena muestra cómo la representación es una técnica espiritual que nos enseña a separarnos de las falsas identidades para unirnos a la identidad verdadera (el alma). Según una de las hipótesis de la autora por la que yo me decanto, el alma no se concibe como una entidad independiente, pues María Magdalena representaría a Jesús a través de su visión. Creo que esa alma sería la llama, el pedúnculo o raspón que une las almas de Jesús y María Magdalena.[27] Es importante destacar que Cynthia Bourgeault, a través de la terminología de *image* y *analogue*,[28] la imagen y su análogo, conecta la representación con su origen y revela su unificación como destino final del camino espiritual. Traemos el reino de Dios a la Tierra al encontrar el alma más cercana a la nuestra, la que surgió de la primera división; hallamos el primer reflejo de nuestra imagen verdadera uniéndonos con ella.

Como contrapunto, en el recital del alma, cuando habla el segundo personaje, la fuerza del ansia,[29] María, el Alma, le dice:

> Tú tomaste mis vestidos sin ser yo, pero nunca reconociste mi verdadero ser.

Se trata de una representación falsa que adquiere nuestra apariencia y a la que vencemos reconociendo su falsedad. A nivel teológico, no hay grandes discrepancias con la fe católica, pues este pasaje de ascesis del alma se asemeja a las tentaciones de Jesús en el desierto. Los prejuicios se gestaron con el paso del tiempo y al margen de las fuentes. Sin embargo, si nos libramos de estos y leemos la fuente de nuevo, hay algo más importante que las religiones han olvidado: la Cristia[30] que abraza a Cristo a través de una visión o un abrazo entre dos seres humanos que crea la realidad de Cristo, un tercer elemento; esa alma-llama que los unifica desciende a la realidad física a nivel energético. Esta representación emerge en ese evangelio como antesala de la comunión plena entre Jesús y María Magdalena: dos análogos que trascienden se convierten en la imagen y se reúnen.

Se considera a María Magdalena la primera cristiana, pero quizás es la Cristia. María Magdalena es el cuerpo de Cristo sin diferenciarse de la cabeza, la primera representante de su Iglesia, y esta comunión tiene una misión espiritual. Y como no se puede trascender aquello que no se conoce, la oscuridad, el descenso al inframundo, constituye una etapa más del camino.

En una sociedad tradicional, especialmente en aquella época, una mujer soltera que había sido amada e instruida por un rabí tenía pocas posibilidades de ser vista como maestra por sus discípulos, y esta es la prueba definitiva para ellos, que solo Leví y Tomás superan.[31] La Iglesia oficial, en cambio, parece mimetizarse con sus perseguidos, esa Iglesia oculta. Así como muchas personas famosas tuvieron detrás a alguien inspirador, la Iglesia que yo experimenté, en realidad, esconde una nueva Iglesia, valiosa y emergente, que retiene los trazados de luz transmitidos a lo largo de la historia.

Como hemos visto en la traducción del sustrato semítico del Evangelio de Juan, la fe católica no reduce la resurrección a un hecho corporal.[32] Ese misterio es el más desafiante para la razón humana. Sin embargo, las enseñanzas de Jesús afirman que la resurrección tiene también un papel simbólico, pues supone un cambio de vida, no manifiesta únicamente un poder divino. ¿Cómo se produjo este cambio de vida en Magdalena?

En el evangelio que lleva su nombre se dice que, además de ejercer de sanadora utilizando los aceites sagrados, tras la muerte de Jesús desempeña un rol activo como maestra espiritual. Su papel como *koinonos* (Evangelio de Felipe) en vida de su compañero la convierte en amante. Mariam significa «alteza»[33]. Como ya he dicho, su vínculo con la diosa Isis es arquetípico en su aspecto psicológico, no histórico, puesto que es poco probable que una sacerdotisa de Isis abandonara un templo, y María de Magdala era una mujer judía natural de una ciudad próspera que tenía su propia sinagoga, cuya torre, además de ser el lugar donde se guardaba el pescado que nutría a judíos y a gentiles, sirvió como símbolo de que el cristianismo llegaría a todos ellos. Las enseñanzas de María Magdalena son más profundas, revelan algunos de los símbolos de los evangelios canónicos, y las transmite de palabra, en lengua aramea, con un lenguaje diferente que describe una espiritualidad cercana a la sabiduría universal que trasciende las divisiones entre judíos y cristianos. Desconocemos cuándo empezaron a ponerse por escrito y, seguramente, no fue en arameo. Por tanto, no podemos traducir los textos coptos, que proceden del griego o del sirio, hasta esta lengua. A lo sumo, los investigadores podrían estudiar el sustrato griego.

Parece probable que Tomás y Leví se convirtieran en seguidores de María Magdalena para comprender mejor el misterio de la muerte y resurrección de Cristo, al ser ella la primera testigo. Sin embargo, su influencia llegó a todos los discípulos.

Mi proceso de investigación me lleva a afirmar que, tras la muerte de Jesús, María y su pequeño grupo de discípulos se dirigieron a Damasco. En Siria encontramos el aroma de Magdala y su red de influencias[34]. ¿Qué discípulos estuvieron en Siria? Marcos, el autor del evangelio, pues participó en dos viajes de Pablo; Lucas[35], como discípulo de Pablo; Juan el Evangelista; Tomás, que sabemos que la aceptó como maestra debido a que su evangelio presenta conexiones doctrinales con el Evangelio de María Magdalena; Felipe, cuyo evangelio[36] está sin duda influido por la corriente original magdala y, por último, pero no menos importante, Pablo[37], que en Damasco encontró respuestas a la visión que había tenido durante el camino.

No olvidemos que Pablo realiza un esfuerzo explícito en sus textos para no mencionarla, a pesar de sus frecuentes alusiones a los apóstoles. Por tanto, es probable que recibiera sus enseñanzas a través de otros discípulos influenciados por ella, pero no por su testimonio directo. Además, se trata del principal abogado de la causa que considera la virginidad como la vía directa de unión con Cristo, lo que sitúa a María

Magdalena en un lugar comprometido o malinterpretado. Todo esto es muy significativo, como el hecho de que su discípulo Lucas relegue a un segundo plano a Magdalena y a las mujeres que rodeaban a Jesús.

Normalmente, se pasa por alto la estancia de Pablo en Damasco porque lo abrupto de su conversión de celoso fariseo a defensor de la fe cristiana eclipsa todo lo que gira alrededor de este viaje. Pablo visitó solo en dos ocasiones la Iglesia de Jerusalén (bastión de lo que más tarde sería el cristianismo canónico, con Pedro y Santiago a la cabeza), pero toda la cristología que expone en sus cartas se gesta en Damasco.

En un viaje que hice a Roma por el jubileo, se me quedaron bien grabadas sus palabras:

> Ya no hay judío ni gentil, esclavo ni libre,
> hombre o mujer. Todos sois uno en Cristo Jesús.[38]

Esa espiritualidad que trasciende el género ha sido malinterpretada en el colofón del Evangelio de Tomás, en el que, tal vez por una mala traducción, se dice que hay que convertir a María Magdalena en un hombre. Pero, en las epístolas paulinas, lo que se expone es que ya no hay hombre o mujer. La cristología de Pablo tiene un origen magdalénico, probablemente instigado por Tomás, pero no es explícito por las conexiones de Pablo con la Iglesia de Jerusalén, breves pero definitivas para su aceptación como apóstol.

Las enseñanzas de Magdalena que influyen en todas las tradiciones cristianas son:

A. El reino (*malakut*) de Dios nos trae sanación. Las descripciones de exorcismos de los evangelios sinópticos beben de una fuente magdala, pues no olvidemos que, como apunta Lucas, Jesús expulsa siete demonios de María Magdalena, y por este hecho ella decide convertirse en su discípula y apoyar su misión. El siete es simbólico para los judíos, pues se trata del número de días que duró la creación, y nos habla de un proceso de discipulado a través de la experiencia: como María ha sido sanada, se instruye en ese arte. Esta enseñanza cristiana es determinante: el creyente no se salva por su pureza, como sucedía entre los fariseos, sino por su transformación.

B. El espíritu de Dios manifiesta el reino de Dios frente a Belcebú, el dios del inframundo. El reino de Dios, por tanto, es un acontecimiento presente, no futuro.

C. Las visiones como herramienta para comprender el viaje del alma, frente al descenso al inframundo, y vivir el reino de Dios; se logran mediante la pureza del corazón más que por la experiencia sensible.

Esta enseñanza la suprime la escuela canónica de Jerusalén,[39] que influye decisivamente en Marcos y en Lucas, si bien la hagiografía cristiana está repleta de experiencias visionarias, en especial en las comunidades contemplativas.

D) Somos partícipes de la transformación que la Divinidad opera en la Tierra. El sacramento fundamental del cristianismo magdalénico es la unción de Betania por representar este hecho. Su influencia llega a la escuela canónica a través del lavatorio de pies de Jesús, que parece un acto inverso, pero está íntimamente relacionado con dignificar al discípulo y convertirlo en maestro. «Amaos los unos a los otros como yo os he amado».[40]

Estas enseñanzas han perdurado, pero han recibido influencias de la tradición canónica que obligan a hacer un esfuerzo mayor para vivirlas tal y como se predicaron en un principio.

Después del fallecimiento de María Magdalena, se impuso una gnosis[41] más compleja en su filosofía, pero quizás algunos cristianos emigraron a Italia, al sur de Francia y a otros lugares, con el recuerdo vivo de la maestra y de la comunidad de Marías. Aunque el rastro de María Magdalena se encuentra en Siria, Egipto y el sur de Francia, no podemos asegurar que llegara tan lejos en su viaje físico.

Me atrevo a afirmar que tras la muerte de Jesús necesariamente se trasladó a Siria, junto con Tomás y Leví. Allí estaba más segura, pues advinieron tiempos convulsos y nos consta que allí la práctica ascética fue muy importante en los albores del cristianismo.

Esta comunión amorosa en la que se prepara para la muerte ha permanecido en la Iglesia oficial mediante el sacramento de unción de los enfermos. Además de las unciones de Jesús para sanar a los enfermos que figuran en el Evangelio de Marcos, a veces realizadas con la saliva, sabemos por los relatos de los evangelios que las Marías cumplían esta misión, probablemente instruidas, como Jesús, por María Magdalena.

Quizás la unción se ha reducido a un acto de arrepentimiento en el cristianismo católico, pero podemos observarlo desde otro lugar: ¿qué hay de esa muestra de amor, el sacramento consagrado al enfermo en peligro de muerte?

Cesáreo de Arlés, en el 542, fue el primer autor de la Iglesia en aludir a la unción. Lo hizo en sus sermones, donde exhortaba a los enfermos a que pidieran a los presbíteros, y no a los magos ni a los adivinos, el óleo bendecido para ungirse. Como vemos, la oficialidad se mimetiza con la Iglesia oculta, la popular, que ha interiorizado el gesto como parte de su cultura para llegar a los corazones de las personas.

La unción prepara al que la recibe para el encuentro con la muerte, y así se plasmó en los evangelios. Sin embargo, tiene mucha más relevancia en los rituales del gnosticismo y en el único sacramento de los cátaros, el consolamento, que en la tradición católica.

Si María Magdalena fue su iniciadora, se convierte en maestra de hombres y mujeres desde su unión profunda con Jesús, como testigo del misterio pascual de muerte y resurrección. La unción cumple la misma labor que el líquido amniótico, el fluido protector vinculado a nuestras raíces. Así que las Marías eran también curanderas del pueblo judío y el papel como rey de los judíos o ungido espiritual que desempeña Jesús se refuerza con la presencia de estas mujeres. A María Magdalena se le indica que anuncie la buena nueva, y, como prueban los evangelios, no solo lo hace al contar a los apóstoles que ha visto a Jesús resucitado, sino al propagar las enseñanzas de su maestro desde su propia perspectiva, y algunos de sus discípulos varones las pusieron por escrito.

Cristo simboliza la comunión amorosa de Jesús y María Magdalena, que entregan su cuerpo y su sangre como un acto inverso de retorno a la vida. Es una energía resultante de la unión de las polaridades en un reino real de paz. Se trata también de un Cristo trinitario, pues el primer útero del que emerge Jesús es María, su madre. Los tres participan de la luz y del dolor. De alguna forma, la Virgen, al quedarse embarazada, siente ese dolor de no pertenecer al reino material.

Los evangelios aluden explícitamente a la necesidad de que María contraiga matrimonio para que alguien cumpla el rol de padre de Jesús en la sociedad; por eso, opino que nunca habrían escondido un matrimonio del rabí, ya que se menciona que algunos de sus discípulos eran hombres casados que abandonaron su trabajo y a sus esposas para seguirlo. Sin embargo, en el caso de que viviera en concubinato, sí se habría ocultado porque comprometería su imagen como rabí o solo sería comprendido por algunas sensibilidades.

Transformarse en un *anthropos*[42], en un ser completo, lo que luego se ha traducido a nivel simbólico como «virgen», es un proceso espiritual que va más allá del concepto psicológico de aunar las energías internas masculina y femenina. Se trata de una experiencia profunda que requiere un largo camino. Trasciende la unión de dos personas, la unión con la Divinidad, para expresar su amor en el mundo. Esta idea es muy importante en el cristianismo, pues Jesús se designa a sí mismo como el Hijo del Hombre (*huiòs toû anthrôpou*), como el análogo de Logos y de Sophia unificados, del origen de la creación. Eso lo convierte en verdadero Dios y en verdadero hombre. Mientras que en los evangelios canónicos ese concepto no se explica, en los magdalénicos aparece información clarificadora, a pesar de las dificultades para traducirlos.

Pero, más allá de los textos, ¿cómo se alcanza ese desarrollo espiritual? Algunas autoras, como la citada Cynthia Bourgeault o la teóloga Meggan Watterson[43], han sugerido qué prácticas ascéticas podrían relacionarse con María Magdalena a partir de las prácticas místicas del Próximo Oriente que han llegado hasta nosotros por medio del monacato oriental. Los rastros de esta gnosis, de este proceso de autoconocimiento, debían encontrarse en los monasterios, en el clero regular y en la mística. Los heresiólogos han tergiversado, o incomprendido, hasta tal punto las corrientes que consideran heréticas que su realidad resulta irreconocible a través de las fuentes documentales.

Espero completar algún día esta investigación estudiando fuentes producidas por el clero regular de la época medieval. Si refresco mis conocimientos de paleografía, leeré la escritura antigua, la que se utilizaba antes de la humanística, y accederé a los mensajes originales de los monjes y de las monjas de entonces. A pesar de que la Edad Media se ha considerado tradicionalmente un rosario de restricciones, la doctrina oficial no llegaba a todos los lugares, por lo que los monjes se convirtieron en custodios de una interpretación de la espiritualidad cristiana más abierta, como comprobé de primera mano en algunas investigaciones que hice en los archivos hace años. Sin embargo, a medida que avanzó el tiempo, se conservaron más fuentes y también se fortaleció la represión de los poderes civiles y eclesiásticos. Hemos de tener en cuenta que las enseñanzas de Jesús para la vida contemplativa y la ascesis individual motivaron el surgimiento de las comunidades monásticas, que no habría sido posible únicamente por lo que sabemos de él a través de los evangelios canónicos. El camino para la transformación del creyente se conserva gracias a la transmisión oral, como sucede en otras tradiciones de sabiduría universal, pero también se detecta su rastro en las parábolas de Jesús que figuran en los evangelios canónicos; ese sería uno de los nexos con los magdalénicos.

Quienes escriben un texto sagrado no manipulan intencionadamente su mensaje; pero, por su condición de seres humanos, no pueden alcanzar la verdad completa. Por ello, sus mentes racionales tratan de establecer una coherencia en esos relatos, como es el caso de Lucas. Conviene apuntar lo que sabemos de este cristiano: se dedicaba a la medicina y proyectó sus prejuicios al empequeñecer el papel de las sanadoras en su evangelio. Las mujeres cercanas a Jesús desaparecen en los Hechos de los Apóstoles, escrito por él. Lucas, que jamás conoció a Jesús en persona, sustituye la unción de Betania, un episodio clave para el cristianismo, por un acontecimiento sobrecogedor que solo para él es ajeno a la Pascua,[44] en el que una desconocida pecadora llena de dolor irrumpe en la casa de un fariseo, Simón el leproso, y vierte aceite sobre Jesús, que se encontraba allí. No olvidemos que el evangelio canónico más antiguo es el de Marcos, y en él la unción de Betania se produce por un derramamiento de la cabeza a los pies. Probablemente, se trata del mismo momento que narra Lucas y sucedió en la realidad tal y como Marcos y Mateo lo describen. A pesar de la objeción de los otros discípulos, Jesús reconoce que ese gesto lo prepara para su funeral y que esa mujer será recordada por el mismo. Betania está cerca de Jerusalén y ocurrió poco antes de la crucifixión, por eso es un episodio relevante, aunque Marcos y Mateo no llamen por su nombre a la mujer a la que Jesús reserva un lugar en la historia. Tampoco ninguno de los dos menciona su pecado, ni siquiera Juan. De hecho, para la Iglesia ortodoxa, María

Magdalena y María de Betania son personas distintas. Esto se deduce de su personalidad y de su modo de actuar, si bien en la unción que narra el Evangelio de Juan parecen convertirse en una sola mujer porque Juan atribuye la unción a María de Betania, una amiga de Jesús que vive en la casa. Sin embargo, la fuente más antigua no dice que fuera la hermana de Lázaro la autora del gesto sagrado.

Discrepo de la conclusión de identificar a María de Betania con María Magdalena[45] por motivos geográficos y por la situación familiar de la persona que se describe. No sucedió en la casa de Lázaro. Mateo sigue el mismo relato que Marcos. Ciertamente, varias mujeres del Evangelio de Juan asumen el rol sutil, arquetípico, de la Magdalena, como si fueran imbuidas por su energía, pero María de Betania es un personaje que también aparece en el Evangelio de Lucas en su papel devocional y contemplativo, y en ese contexto no es protagonista de la unción.

Magdalena fue una seguidora de Jesús que lo acompañó durante su predicación en Galilea, en su último viaje a Jerusalén y en la Pascua. Los evangelistas la sitúan por primera vez en Galilea y la mencionan en solitario, sin referencias familiares. Magdala está en Galilea, mientras que la familia de Betania vive más cerca de Jerusalén. Así se narra en Lucas, con la historia de Marta y María después del paso por Samaria, y en Juan, que habla de Lázaro como el tercer hermano y ubica su vivienda en Betania. La solución del Evangelio de Juan, en mi opinión, es literaria. Permite mantener el gesto de la unción en Betania y ocultar, como todos los evangelios, que lo hizo Magdalena. Y cuando la Iglesia, siglos más tarde, la reconozca como autora de la unción, preferirá identificarla con la pecadora de Lucas.

En aquel entonces había rabíes solteros, por lo que, si Jesús y María Magdalena hubieran estado casados oficialmente, habría trascendido en la historia y, quizás, modificado la naturaleza de su misión. El hecho de que María fuera la *koinonos* del maestro la presenta como una mujer independiente. Esto es revolucionario para la época, pues la mujer debía estar bajo la protección legal del varón, como María la Virgen al casarse con José.

Mi hipótesis es que entre Jesús y María Magdalena había una conexión espiritual que los unía a todos los niveles y que decidieron no tener hijos para dedicarse a su misión. No sabemos si mantuvieron relaciones sexuales físicas, probablemente sí, puesto que estuvieron juntos mucho tiempo, pero tal vez no fue necesario. El sexo energético conlleva las mismas consecuencias que el físico, a pesar de la distancia corporal, y se produce de forma espontánea cuando las llamas gemelas se encuentran. Esa es mi experiencia.

En cualquier caso, en el Evangelio de Felipe se cuenta que Jesús y María se besaban en la boca[46], y el beso en la boca es una forma de unción mutua que protege psíquicamente y facilita la manera en la que se distribuye la energía amorosa durante el acto sexual. La saliva fue una forma de sanación de Jesús y también se trata del elemento físico que simboliza, en el vencejo como animal totémico, la capacidad de unir los materiales del nido.

Las bodas de Caná del Evangelio de Juan resultan enigmáticas al no mencionarse quiénes eran los contrayentes y al situar a Jesús en un papel tan relevante en el rito de paso. Sin embargo, en mi opinión, no hay indicios para interpretar que es la boda de Jesús y María Magdalena, pues ella no está presente, aunque tenga lugar en Galilea.[47] En otros episodios de este evangelio, ella sí participa y lo que se silencia es o bien su nombre, o bien el grado de intimidad entre ellos. Antes que una boda legal, que no habría sido problemática para un rabí, era más sencillo ocultar un vínculo profundamente místico, pero Magdalena deja su rastro por igual en la vida pública de Jesús, en la crucifixión, en el sepulcro y en la nueva visita al sepulcro, tras el descenso del *shabat*, para cumplir los ritos mortuorios de la unción y ser testigo, por tanto, del misterio pascual, en especial, de la resurrección de Jesús. Solo una mujer muy importante para el rabí podría desempeñar esos roles.

En el siglo XXI, Cynthia Bourgeault describe en su obra que el camino de los amantes es una vía espiritual muy adecuada para el carácter de nuestra sociedad actual. Esta es la enseñanza fundamental de la historia de Jesús y María Magdalena. Un camino para el que muchas personas se sienten más preparadas que para el matrimonio, un compromiso definitivo que, en ocasiones, obstaculiza la evolución espiritual. Es posible un amor consciente, respetuoso, que acepte atravesar los períodos de soledad que necesite su compañero y que engendre hijos espirituales —entendiéndolos como los seres bendecidos por esa unión y como todo lo que es fecundo— en la comunión energética que se genera cuando se unen los opuestos. Un camino que, de hecho, se impone a las llamas gemelas en cuanto se encuentran, pero que puede abrazar a cualquier persona, haya conocido a su llama gemela o no, al sentir el llamado, la correspondencia con el corazón, con un amante que se entrega.

Esta comunión espiritual tiene su origen en la comunión física y, en el sentido del amor erótico, que en los textos no haya indicios de sexo físico entre Jesús y María nos remite a buscar respuestas, en primer lugar, en la cultura judía. La Torá no prohíbe directamente el sexo prematrimonial o fuera del matrimonio, pero condena un tipo de relación sexual no matrimonial que tuvieron varios patriarcas y reyes de Israel: el concubinato; en cualquier caso, el sexo suele circunscribirse al matrimonio en la cultura judía. Por lo tanto, debemos acercarnos a la figura de Jesús como un rabí que, a través de parábolas y símbolos, muestra un camino de vida, aunque no sanciona prácticas sociales en el marco de la ley judía. Tiene suficiente autoridad moral como para no acondicionar su predicación a las leyes. Es muy probable que, cuando Jesús habla del matrimonio[48], para sortear la pregunta que los fariseos le formulan como trampa, acompañe su respuesta basada en la ley con una enseñanza simbólica más profunda: «Serán una sola carne, ya no son dos». Se trata de una invitación a abrazar un corazón indiviso.

Por último, ante una cuestión tan peliaguda, debemos observar nuestra propia experiencia, y la mía afirma que el sexo es un camino sumamente purificador y transformador que eleva nuestro espíritu, pues la Divinidad es siempre el único sujeto de amor a través de la comunión de los amantes. El hecho de que el sexo no se produzca dentro del matrimonio no implica que la relación sexual se entable sin consciencia, amor, preferencia ni fidelidad al ser amado.

El problema que hay en el cristianismo, y en las religiones en general, es que ciñen el sexo al ámbito conyugal —una solución lógica para los tiempos en los que las mujeres dependían económicamente de los varones, pero no en el siglo XXI— y desconocen el sexo espiritual. Algunas investigadoras de la espiritualidad de la Diosa, como Sandra Román, hacen referencia a la prostitución como un medio de vida para las mujeres que querían ser independientes. De ahí vendría que se hiciese esa asociación oscura entre ambos conceptos como antítesis de la virginidad, cuando la virgen y la amante son arquetipos muy cercanos. Una amante, ciertamente, no es una prostituta. Sandra Román se refiere al arquetipo de la «mujer de en medio», que no es otro que el de la amante, como el más denigrado y malentendido dentro del ciclo femenino de los ritos de paso. Queda mucho por sanar para que se restaure esa expresión sagrada en nosotras y en la sociedad, también en sus representaciones.

La iconografía medieval, fundada en el Evangelio de Lucas, ha identificado a María Magdalena con la mujer pecadora y con María Egipcíaca, una de las ascetas del desierto que, según la tradición cristiana, se dedicó a la prostitución. Este sería el origen de las tergiversaciones acerca de la naturaleza de María Magdalena, pues las imágenes de desnudez y arrepentimiento han distraído la atención de su papel al pie de la cruz, como testigo de la muerte y del entierro de Jesús de Nazaret.

La máxima expresión de esta figura penitente se alcanzó durante el Barroco. A pesar de ello, en algunos retratos observamos detalles que nos remiten a las energías arquetípicas del paganismo. Algunas representaciones de María Madre y María Magdalena tienen influencias de las esculturas y de las pinturas de la diosa Isis, como el cinturón con un nudo parecido al de Isis o las escenas con el niño. Esto se debe a la gran importancia del culto a Isis durante los primeros siglos del cristianismo, que llevó a representar a las nuevas mujeres divinas con atributos de la diosa egipcia.[49] Regresando a la iconografía cristiana, el jarro de alabastro, el libro que evoca que ella es anunciadora de la buena nueva y la calavera, por su presencia en la crucifixión, son algunos de los elementos que acompañan la imagen de santa de María de Magdala, que se ensalza sobre todo en la escena que plasma la leyenda de sus ascensos al cielo. Varios artistas de relieve la representaron en sus cuadros elevada por los ángeles. Sin embargo, su presencia en la crucifixión se ha omitido en muchas ocasiones, pues solo figuran la Virgen y Juan en el Calvario. En la déesis, Juan la suplanta como discípulo amado.

Cuando era cristiana, me explicaron el misterio de la preferencia de Jesús por Juan: era necesario que ese fuera el individuo elegido para que su amor por él se transfiriese a toda la humanidad. De nuevo, el valor de la realidad tangible para alcanzar lo universal. El discípulo que corrió más rápido que Pedro para llegar al sepulcro y tuvo una visión que le permitió prever lo que iba a acontecer se paró y dejó que Pedro viera que el cuerpo no estaba. Juan es el amado visionario, un testigo privilegiado de algunos acontecimientos de la vida de Jesús que otros discípulos no comprendieron y un nuevo hijo para la Virgen María después de la muerte de Jesús. Si nos atenemos a lo evangélico, la bienamada es la verdadera Iglesia de Jesús, fundada en un amor floreciente en todas sus facetas, aunque expresado de forma velada. Esa fue la visión. Y el disimulo nos muestra que se trata de un amor que trascendió el vínculo entre individuos.

La figura de Juan captó sumamente mi interés en mi viaje a Roma, pues este santo protagonizaba la exposición principal que vi en Rímini, una síntesis de la historia de los orígenes del cristianismo. El amado era el agente de la visión de la realidad que comunica la imagen y su análogo, del reino del corazón, un lugar en el plano físico, pero más allá de él. En su evangelio, las visiones se ponen al servicio de la definición de la historia de la Iglesia, no de la ascesis del creyente, aunque no deja de ser un rasgo distintivo y simbólico de su mirada aguileña, que supera las trabas del espacio y del tiempo.

Volviendo a la Magdalena histórica, la que tuvo la visión ascética, doy credibilidad al conflicto que relata el Evangelio de María Magdalena,[50] a pesar de que algunos investigadores como Piñero consideran que su estructura dialógica lo convierte en un texto de origen tardío que podría no basarse en los hechos históricos. Sin embargo, el conflicto entre María y Pedro no tiene carácter simbólico, todos los indicios apuntan a que se trata de un acontecimiento real que produjo una división. Aunque no se escribiera en el siglo I, pudo recuperarse de la tradición oral. Ya hemos visto cómo los evangelios canónicos velan la figura de la discípula predilecta, especialmente el de Lucas.

No sabemos qué sucedió a partir de entonces, pero dado el papel que María Magdalena tuvo en la resurrección de Jesús, aunque no se hiciera público, su destino pudo ser similar al de su maestro. Me atrevo a sugerir que trabajó desde su interior para extender el reino del corazón.

Solo una mirada trascendente sobre la historia supera las estrecheces de los relatos y las representaciones, liga hechos y experiencias separadas por culturas y cientos de años, a través de los primeros moldes de nuestra consciencia, los arquetipos, que, al expresarse sobre el terreno histórico, salvan la temporalidad de la existencia. El símbolo se acerca más a los silencios, a las transmisiones que no se recogen en los textos, a los actos divinos que nos orientan en la vida, imperceptibles, relegando a la mente en su afán de comprender lo real y controlarlo. En cualquier caso, los relatos evangélicos, como reconocen los estudiosos, son representaciones de lo que sucedió, pero no crónicas periodísticas, por lo que cuesta entender todo su sentido mediante la razón; aun así, resulta necesario comprobar qué hay de razonable en el texto si hablamos de hechos reales.

Todo parece indicar que, en la manifestación de Jesús como hombre y Dios verdadero, María Magdalena y la Virgen María participaron más de lo que se ha plasmado por escrito, lo que las hace humanas y divinas, iguales a Cristo, aunque esto se haya silenciado. Así lo dicen las enseñanzas cristianas: más allá del género. La Iglesia ha modificado su postura de forma bastante tardía; entrado el siglo XX, afirma que la Virgen María no llegó a morirse (tránsito)[51], pero tampoco lo atribuye a su naturaleza divina como encarnación de la sabiduría (Sophia) del Antiguo Testamento. Inmaculada en su concepción (este dogma se refiere a ella en el vientre de Ana y no a Jesús en su vientre), se redime por el Hijo antes de nacer. Otro laberinto perdedero para la mente.

Algunos investigadores como Harnack consideran que los padres de la Iglesia se valieron de las mismas armas que el gnosticismo al utilizar la filosofía griega para dar al cristianismo un carácter intelectual. Sin embargo, la teología canónica no busca la reconciliación de la polaridad original que emana del Dios único.

Según expone Cynthia Bourgeault en *The Meaning of Mary Magdalene*, en el Evangelio de Juan, el vínculo de Jesús y el Logos, la palabra divina, se debe a las enseñanzas de Filón de Alejandría, filósofo judío helenístico contemporáneo de Jesús,[52] aunque nunca escribió sobre él, perteneciente a la escuela del platonismo medio de Alejandría. Filón opina que la Sophia es anterior al Logos, su fuente, por lo que existe una base filosófica para afirmar que la sabiduría también se encarnó. De hecho, Pablo identifica a Cristo con la sabiduría.[53]

No podemos pasar por alto que la defenestración sin fundamentos sólidos de María Magdalena le quitó su condición efectiva de primer apóstol. La mujer a la que atribuyen un mayor número de rasgos divinos, como hemos visto, es la Virgen, pero todavía en el siglo XXI, cuando las mujeres occidentales ejercen las mismas funciones que los varones, la mayoría de las Iglesias cristianas no se atreven a decir que Dios se encarnó en una mujer.

El neoplatonismo del siglo III ayudó a la predicación de la buena nueva por las corrientes cristianas canónicas, mientras que la tradición de la gnosis, que, como el cristianismo, surgió en el siglo I, se descartó por apropiarse de un relato esotérico de las enseñanzas de Jesús. La corriente gnóstica, a través de sus evangelios, muestra el camino hacia el interior para llegar a la liberación y una pedagogía cristiana que plantea a los fieles alcanzarla por el conocimiento (gnosis) de las realidades divinas. En este sentido, los textos gnósticos ofrecen un contrapunto a la cultura canónica y amplían la concepción de la Divinidad en la espiritualidad cristiana, en el ámbito heterodoxo. El mismo Plotino, fundador del neoplatonismo, se quejaba de lo que él consideraba errores e inconsistencias filosóficas que los gnósticos divulgaban como distorsiones de la filosofía platónica.[54] En realidad, hay que comprender la cultura helenística y los evangelios que Bourgeault denomina «de la sabiduría» y en esta obra llamamos magdalénicos, para aproximarse a lo que se gestó con posterioridad en los ambientes intelectuales y encontrar las conexiones con el origen detrás de la complejidad doctrinal.

En algunos textos, como por ejemplo el Evangelio de Felipe,[55] aparecen referencias a dos seres completos (*anthropos*) como energías que vuelven a reunirse en un proceso espiritual de unificación, la cámara nupcial,[56] hecho que varias escuelas del gnosticismo convirtieron más tarde en un ritual simbólico para recordar la unidad entre Logos y Sophia como emanaciones divinas que estaban vueltas hacia Dios, indicando una relación dinámica y personal con el Creador. En otros textos gnósticos se habla de la unión de Sophia a Salvador, que sería el equivalente al Logos o a Cristo.

Con el cristianismo, se produce una reconciliación entre lo humano y lo divino, pero ya hemos dicho que el Logos, el mediador, en la mentalidad judía que se expresa en el libro de la Sabiduría, es el origen de la creación. Se deduce que en Cristo se unen el Verbo y la Sabiduría, y yo he llegado a la conclusión de que no es únicamente Jesús, sino también la Virgen María[57] y María Magdalena. Las dos mujeres son Cristias porque son humanas y divinas. Tiene sentido pensar que la encarnación de la Sabiduría fue una vía de descenso para que la humanidad descubriera cómo regresar a su condición divina a través de la vida en la Tierra, entendida como la expresión de toda su naturaleza: el parto, el nacimiento, la infancia, la edad adulta, la sexualidad y la muerte. Participan un hombre y dos mujeres, pues no es posible que Cristo haya salvado a su madre si su madre no lo ha salvado a él, y no es posible que Cristo fuera un hombre verdadero si no vivió una relación amorosa completa que le permitiese mantenerse vinculado al mundo material tras la muerte.

En el primer capítulo he ofrecido un relato corto, no tan estilizado como el evangelio, utilizando la razón como apertura, no como repliegue, y también la perspectiva femenina, con una intención clara: mostrar de forma explícita que no hay nada en los textos canónicos que exprese que María Magdalena no fue el primer apóstol. Y si esto es así, ¿por qué no pudo ejercer su apostolado en la Iglesia? La versión más común indica que Jesús era un hombre y los apóstoles, sus testigos; ¿acaso los cristianos que fundaron el canon concluyeron que Dios se había hecho hombre y no mujer?[58] Esta controversia ha supuesto siglos de revisiones doctrinales en sucesivos concilios y, a lo largo de la historia, la Iglesia ha afirmado que la Virgen María posee atributos divinos evidentes: su virginidad, ser Madre de Dios, su concepción como mujer libre del pecado original y su asunción a los cielos en cuerpo y alma, último dogma reconocido.

Las religiones que tienen su origen en la tradición judía (judaísmo, cristianismo e islam) no admiten este principio neutral de lo divino, si consideramos la neutralidad como la unidad de las polaridades de la existencia, sin excluir ninguna de ellas. La cristología canónica no menciona el principio femenino del Logos, la palabra divina. Sin embargo, antes de leer y escuchar la obra de Cynthia, una teóloga con muchos años de investigación, ya me había percatado de que, efectivamente, Cristo en realidad se identifica con la Sophia, la sabiduría divina, y no con el Logos.

Para hablar de principio femenino, no es necesario siquiera acudir a las fuentes místicas heterodoxas, basta con acercarse a los libros sapienciales de la Biblia, en los que la sabiduría se presenta como una realidad preexistente, vuelta hacia Dios, distinta y al mismo tiempo igual a Yahvé. ¿Por qué el autor del Evangelio de Juan no utilizó la palabra sabiduría, *sophia* en griego, para mencionar la existencia de Cristo desde el inicio de los tiempos?

La comunidad judía buscó en su literatura sagrada las referencias mesiánicas, la promesa de la llegada de Cristo, para explicar a los neófitos quién era Jesús, puesto que la Sabiduría en el libro de los Proverbios y en el Eclesiástico aparece claramente identificada con la palabra de Dios y, por tanto, con el Logos:

> Yo salí de la boca del Altísimo [...] y me dijo: «Pon tu tienda en Jacob, entra en la heredad de Israel».[59]
>
> Yahveh me creó, primicia de su camino, antes que sus obras más antiguas. Desde la eternidad fui fundada, desde el principio, antes que la tierra.[60]

Para encontrar la referencia al Logos en la Biblia, es necesario remitirse al libro de la Sabiduría. En el capítulo 9, aparecen juntas ambas palabras:

> Dios de los Padres, Señor de la misericordia, que hiciste el universo con tu palabra, y con tu sabiduría formaste al hombre para que dominase sobre los seres por ti creados.[61]

Como hemos visto en el libro de los Proverbios y en el Eclesiástico, esta sabiduría no es un concepto genérico, sino una realidad preexistente vinculada al logos. Aquí se distingue entre el origen de la creación y el origen del ser humano, algo sobre lo que merece la pena reflexionar. Dos principios divinos participan en la creación: uno masculino, la palabra, y otro femenino, la sabiduría, y a esta última le compete la tarea de acercar a la humanidad, que forma parte de esa creación, al mismo Dios, pues la sabiduría confiere atributos divinos a la humanidad.

Si los textos judíos canónicos aluden claramente a la Sophia como un principio que acampó en Israel y los primeros cristianos concluyeron que esa tienda sagrada, ese templo, se encarnó en un cuerpo humano, ¿por qué la Sophia no se identifica, como el Logos, con Cristo, o con su madre María, en el Evangelio de Juan?; si Jesús era un verdadero ser humano, ¿por qué habría de considerarse únicamente alguien de género masculino?

El Jesús histórico se identificó con Dios y por ello fue condenado, así que enseguida surgió la cristología del Hijo,[62] el logos hecho carne; si bien en los evangelios canónicos hay ejemplos de la autoridad divina de la Virgen María en cómo se dirigía a él:

> Y, como faltara vino, le dice la madre de Jesús a Jesús: «No tienen vino». Y le dice Jesús:

> «¿Qué nos importa a ti y a mí, mujer? Todavía no llega mi hora». Dice su madre a los sirvientes: «Haced lo que él os diga»[63].

En este episodio, se aprecia que Jesús, como energía que lo identifica con el logos, tiene la función de actuar, de manifestar la palabra creadora, pero el mandato para que realice el milagro lo expresa su madre. A pesar de lo específico de este relato, la Iglesia no declaró Madre de Dios a María hasta el siglo V. Hoy en día, aún no se habla de ella como Maricristia.

Sin la necesidad de recurrir a las fuentes gnósticas y a la cultura popular, receptora de las tradiciones orales, encontramos también una declaración explícita de la divinidad de María Magdalena en los evangelios canónicos, en concreto en la unción de Betania, como ya se ha expuesto anteriormente.

Por tanto, María Madre hizo que el logos se encarnase en hombre al traerlo a la vida, con el fin de que se revelara la identidad divina ante la historia; mientras que María Magdalena participó de su resurrección: lo preparó para la muerte y el tránsito, donde el espíritu toma el cuerpo. Es un principio de amor y transformación. Las mujeres intervinieron en los aspectos íntimos, privados, familiares y espirituales de Cristo.

En el terreno filosófico, se suele asociar este proceso con la unión sexual, pues María Magdalena y Jesús —Mariam y Yeshua en la lengua aramea que ellos hablaban— se convierten en Cristia y Cristo cuando revelan su unificación al final de la existencia de Jesús como hombre. María Magdalena está presente en todas las etapas de la Pasión y revela el sentido espiritual de esta porque se ha unificado por completo con Jesús, hasta el punto de tener una visión de su viaje al inframundo y revelárselo a los otros discípulos.

La sabiduría del cristianismo consiste en que la contemplación del amor sirva para evolucionar espiritualmente, y allí donde esto se afirma se encuentra la estela de María Magdalena. En los evangelios no se refleja que existió una relación amorosa no matrimonial en los orígenes del cristianismo ni que esta práctica se mantuvo en algunas comunidades cristianas. Pero en otros documentos, aunque sean muy tardíos, sí que figura que hubo una moral cristiana al margen de las directrices de la Iglesia oficial. Es posible seguir su rastro a través de las comunidades cátaras medievales, que no creían en el matrimonio como sacramento.

Para cerrar esta síntesis teológica, vuelvo a recalcar que los textos religiosos han sido escritos para sustentar una fe o doctrina y han recurrido al simbolismo porque es el único lenguaje capaz de abrir el corazón y lograr que el mensaje divino llegue a la audiencia. Estudiarlos desde la razón supone un laberinto sin salida, sea como textos históricos, jurídicos o con cualquier adjetivo que apele a lo terrenal.

¿Es necesaria la dualidad en las religiones, diferenciar entre bien y mal, Dios y el Maligno? La mentalidad oriental,[64] por ejemplo, no precisa ceñirse a la razón para comprender lo espiritual. No piensa en términos de lógica o de causa y consecuencia, no se pliega a la polaridad Dios/hombre, Creador/creación. El diálogo con las personas de otras culturas y la práctica del yoga o de la danza mística, que armonizan cuerpo y mente, me parecen mucho más útiles para ampliar las miras acerca de lo que es la Divinidad que acudir a los textos religiosos que han sido traducidos por autores ajenos a estas otras tradiciones. Tú no eres solo una célula del cuerpo de la humanidad. Tú eres un cuerpo y El Cuerpo eres tú.

Por último, es importante señalar que mi relato de la resurrección surge también de lo que he experimentado como mujer concreta que soy y que existe hace más de cuarenta años. Cuento estas vivencias porque creo que pueden resultar valiosas para otras personas. ¿Y qué experiencia tengo yo con la resurrección? Pues, además de las resurrecciones de mi ánimo y de mi espíritu, la de mi carne. La he visto, olido y sentido alterarse solo por la activación de mi cuerpo etérico; derramarse, calentarse, gozarse, henchirse de un sentimiento amoroso, compasivo, sin ninguna presencia, sin estímulos externos, sin mis propias caricias o pensamientos. He sido partícipe de la fuerza del espíritu al arrancar de cuajo los límites de las coordenadas físicas y manifestarse en mi carne. Eso ha modificado mis emociones y mi carácter, ha despertado mi corazón y nuevas cualidades en mí. Muchas veces. Y me sigue sucediendo. Y soy una persona normal. ¿A cuántos más les habrá pasado, y si no lo han percibido a través del cuerpo, al menos sí en el renacer de su ánimo, o lo reconocerán al ver a la naturaleza renacer cada primavera?

Mis experiencias con la conexión entre cuerpo y espíritu, junto con mis conocimientos históricos y mis relaciones con personas que me han enseñado lo más valioso influyen en mi forma de representar los hechos en torno a la resurrección de Jesús. No se trata de vivencias extraordinarias que nos sitúan en la categoría de los seres especiales o elegidos, sino de encuentros con la Divinidad que nos transforman para siempre, elevan nuestra vibración y nos hacen comulgar amorosamente con el todo en la medida de lo posible y de nuestro destino. Soy más feliz que hace quince años. Esa es la prueba de la veracidad del camino.

∞∞∞

En el principio eran Ella y Él. Él nació, descendió,
murió y ascendió a través de Ella.
Mariam de Magdala fue testigo del ascenso de
Jesús del inframundo a través de su visión.

∞∞∞

La Santísima Trinidad es la Justicia de Dios, y la
Virgen[65] María es la Misericordia de Dios, y no hay
justicia sin misericordia.[66]

3.MARÍA MAGDALENA Y SU HUELLA EN LA HISTORIA

Si tuviera que elegir un color que representara a María Magdalena, sería el verde oliva. Como la tierra en la que nació. Como los árboles en el desierto. Ese es el color, también, de las profundidades del corazón.

Ella era una mujer judía que vivía en Magdala, al pie del lago de Genesaret, acudía a la sinagoga, disponía de dinero para mantenerse, quizás por el comercio de la pesca, y se dedicaba al arte de la unción. Un día, en Magdala, se encontró con Jesús de Nazaret, y cuando él expulsó siete demonios de su cuerpo, ella decidió convertirse en su discípula e instruirlo en el arte de la unción, una forma de sanar que él aplicó con su propia saliva.

En algún momento, María Magdalena abandonó su hogar para seguirlo y sostener económicamente su predicación. Sabiendo que la muerte de Jesús de Nazaret estaba próxima, ella lo ungió con aceite de nardo desde la cabeza hasta los pies, como se ungía a los reyes; de este modo, protagonizó un acto sagrado que revela la finalidad de la vida cristiana, la protección para entrar en el inframundo. También permaneció al pie de la cruz, asistió a su fallecimiento, participó en su sepultura y fue la primera testigo de la resurrección. Recibió de Jesús enseñanzas que los otros discípulos no comprendían, y por ello la relegaron de la Iglesia primitiva oficial.

Dirigió sus pasos a Siria, donde continuó transmitiendo oralmente las enseñanzas. Algunos de sus discípulos las pusieron por escrito. En algún momento decidió retirarse y abrazar la vida contemplativa. Carecemos de certezas acerca de cómo murió.

Reconstruir la biografía de una mujer del siglo I de la que apenas tenemos noticias sobre su vida es complejo. Sin embargo, el trabajo se simplifica cuando ahondamos en lo que nos ha llevado a interesarnos por ella. Este ejercicio nos ayuda a ofrecer una versión verosímil sin necesidad de forzar u olvidar las fuentes que nos permiten escribirla. Y, revisando las transmisiones orales y la historia de los documentos destruidos, rellenamos los huecos desde nuestra propia madurez, pues nuestras vivencias y observaciones contienen todas las experiencias, y si hay alguna que no, la reconocemos en nuestro inconsciente.

María Magdalena es distinta a la mujer tradicional de la época, puesto que está completamente realizada. Nos encontramos ante una discípula predilecta, la primera testigo de la resurrección, pero también ante una santa. Con el fin de adentrarnos en sus aspectos más misteriosos, el lenguaje simbólico y la historia velada tras las fuentes son las herramientas que ayudan a sondear la naturaleza universal de la mujer divina.

La necesidad de profundizar me llevó, al menos a mí, a tratar de definir quién es ella en la cristología. Yo fui cristiana porque creí en Cristo y, desde la perspectiva que me ofrece no pertenecer ya a una comunidad religiosa concreta, no podía completar mi labor de revisión sin aproximarme a la cristología y, con ella, a la teología y a la filosofía, que siempre me ha interesado.

Si nos atenemos a los evangelios como fuentes con cierto valor histórico, María Magdalena procede con total certeza de la región de Galilea y casi con seguridad de Magdala, que en los evangelios se menciona también como Magadán o Dalmanuta. El nombre Migdal, que significa torre, figura ya en el Antiguo Testamento asociado a un lugar, si bien la ciudad como tal no surge hasta el siglo II a. C. Por tanto, ese nombre tiene valor simbólico, además de aludir a un sitio. El apelativo toponímico se encuentra en varios nombres que aparecen en los evangelios, con el fin de identificar a las personas por el lugar del que procedían.

La ciudad de Magdala fue abandonada en el año 70 d. C. y permaneció en ruinas durante un siglo, tras un terremoto que se produjo en el siglo IV. En el siglo VIII, Burcardo menciona la casa de María Magdalena en Magdala y otras fuentes medievales permiten afirmar que ya en aquel siglo existía una iglesia consagrada a la Magdalena en su ciudad, un destino de peregrinación, y que desapareció durante las cruzadas. Por tanto, María Magdalena se asoció siempre al lugar donde la sanó Jesús, donde vivía hasta que lo siguió en su actividad predicadora por Galilea, Decápolis y Judea. Lo ungió en su última visita a Betania, la parada acogedora para Jesús, a las puertas de Jerusalén.

Permaneció junto a él en los momentos más críticos, previos a su muerte, cuando los discípulos dudaron, y fue la primera en verlo resucitado y en recibir la encomienda de continuar la misión, lo que se conoce como realizar un apostolado.

Seguramente, se debatió entre la necesidad de dar testimonio de lo que Jesús le había revelado y retirarse de la vida pública para ahondar en su conexión con él. Pero, como Jesús le había dado una confianza plena, se intuye que se hizo cargo de la misión por responsabilidad. Lo que sabemos por los textos es que los apóstoles no recibieron bien su testimonio porque era una mujer y porque revelaba un camino interior que Jesús no les había enseñado. Como hemos visto, algunas de esas enseñanzas transmitían una capa algo más profunda del lenguaje simbólico de Jesús, que ellos no comprendieron porque no interpretaban las palabras del maestro en clave de espiritualidad, sino conexa con la defensa de la continuidad de la historia sagrada judía. Cuando por fin entendieron que el mensaje de Jesús no se refería a un reino exterior, sino a una buena nueva para la humanidad, comenzaron a predicarla; al contrario que María Magdalena, que se mostró abierta al camino espiritual desde el inicio de su relación con Jesús, pues estaba íntimamente vinculada con él.

Si el ambiente natural de María Magdalena era el de los chamanes y curanderos, es lógico que su predicación calara lejos de las grandes ciudades, donde se propicia el ejercicio ascético y el silencio necesario para emprender el camino interior. Yo sitúo en Siria el centro neurálgico de sus enseñanzas. Damasco estaba en la ruta comercial de Magdala, por lo que debió resultarle sencillo llegar hasta allí acompañada por algunos discípulos y algunas discípulas. Además, como he comentado, Siria, la provincia romana, es un lugar de confluencia de todos los autores del Nuevo Testamento y de los textos no canónicos más cercanos a la vida de Jesús. También Pablo tuvo un encuentro revulsivo con Cristo en el camino a Damasco, cuando él le dijo: «¿Por qué me persigues?». Esa transmisión tan poderosa, en la que el mismo Jesús se identifica con su comunidad, debió de originarse, aunque fuera en el aspecto energético y no físico, en María Magdalena. De hecho, Pablo atribuyó su sabiduría crística al mismo Cristo, ni siquiera a la comunidad de Ananías que lo acogió en Siria. Si Jesús seguía operando en la Tierra como un ser crístico que había trascendido la muerte, tenía que hacerlo a través de su íntima comunión con María Magdalena. De esta forma, podemos entender que ella se convirtiera en un reflejo puro de su viaje al inframundo. Al ser una sola alma y una sola consciencia, conocer a Jesucristo implica conocer a María Magdalena o estar cerca de su área de influencia.

Al margen de estas hipótesis, formuladas desde mis conocimientos de espiritualidad, si nos atenemos a las fuentes materiales (textos, lugares sagrados y cuerpos), podemos reconstruir parte de la vida de la Magdalena. Seguimos su rastro a través de las experiencias monásticas y de las corrientes heréticas, especialmente las ascéticas, de las que María Magdalena se erigió como patrona (el priscilianismo es un ejemplo cercano). Tiene vínculos con la Orden del Hospital, actual Orden de Malta, y todavía se conservan hospitales de peregrinos dedicados a María Magdalena, previos a la destrucción de la orden templaria[67]. Estos son algunos de los hilos que la historia nos ofrece para tirar de ellos.

Además de aludir a las fuentes con valor histórico, voy a exponer la leyenda principal sobre su figura y contextualizarla, pues algunos datos sugieren el modo en que murió.

Ningún texto no evangélico del Nuevo Testamento menciona a María Magdalena. Por tanto, no podemos remitirnos a los escritos para intuir qué sucedió con ella después de la resurrección. Esto prueba una vez más que hubo una ruptura durante los primeros años del cristianismo, ya que si ella fue la primera testigo de la resurrección y Jesús le indicó que anunciara la buena nueva, tendría que haber sido una de las protagonistas de los Hechos de los Apóstoles, que tan solo hace una breve mención a las mujeres que rodearon a Jesús.

Para las Iglesias oficiales no es tan importante situar con precisión los lugares de sepultura de los santos, pero sí afirmar que existen, puesto que solo Jesús y su madre habían dejado sus sepulcros vacíos. Hay dos versiones diferentes acerca de dónde reposó la Virgen María: una afirma que en Éfeso y la otra que en la basílica de la Dormición de Jerusalén, donde permaneció tras el Pentecostés, y después de morir, los apóstoles la llevaron a un sepulcro en los alrededores de Getsemaní y presenciaron su asunción a los cielos (según fray Diego Dalla Gassa) o bien lo encontraron vacío (según el hermano Josef San Torcuato).

Como en Éfeso se rendía culto a la diosa Diana, el cristianismo recurrió a la narrativa de que ahí reposaban los restos de la Magdalena[68] para que fueran estos el objeto de culto. Por ello, en la Edad Media, para justificar la presencia de otra tumba en Vézelay (Francia), los monjes benedictinos escribieron una nueva historia sobre la santa: habría desembarcado en Marsella y, al morir, habría sido sepultada en la iglesia erigida en honor a san Maximino, en Provenza. Badilon, un monje, habría arrebatado el cuerpo a los sarracenos en el año 749[69] para llevarlo a Borgoña, a la abadía de Vézelay. En 1058, el papa Esteban IV declaró la autenticidad de esta tumba, el mismo año en que la abadía pasaba a depender de Cluny por su creciente importancia como centro de peregrinación debido a la tumba de María Magdalena.

Dos siglos después, en el 1279, se descubriría, en la cripta de la iglesia de san Maximino, lo que parecía ser el verdadero cuerpo de la Magdalena. En la actualidad, sabemos que estos restos pertenecen a una mujer cristiana y que quizás fueron traídos de Palestina.[70] Sin embargo, las fuentes no mencionan la presencia de Magdalena en Francia hasta el siglo VIII. El príncipe Carlos de Anjou fue quien ordenó realizar excavaciones en la cripta de Saint-Maximin-la-Sainte-Baume porque disponer de una tumba apostólica reforzaba su posición. Así, se hallaron los restos provenzales en uno de los sarcófagos del siglo IV y probablemente pertenecen a santos; esto prueba la existencia de una comunidad cristiana primitiva en la región. Pero había un interés político en encontrar, entre los vestigios de los primeros cristianos, el cuerpo de la santa, y Carlos de Anjou contaba con el apoyo del papa, por lo que sus dominios acogieron la que siglos más tarde sería la tercera tumba de la cristiandad, después del Santo Sepulcro y la tumba de Pedro.

Algunos años antes, en 1264, Jacobo de la Vorágine había escrito *La leyenda dorada.* Pretendió dar un fundamento histórico a su relato de la Magdalena haciendo referencia a autores de la Antigüedad, como Hegesipo o Flavio Josefo. Sin embargo, en aquella época, la investigación histórica no se definía por su fidelidad a los acontecimientos, y estas menciones carecieron de legitimidad. Por ejemplo, alude a la liturgia de las horas, que no existía en la Antigüedad, y Flavio Josefo apenas nombra a Jesús, por lo que en su obra no se cuenta nada sobre la Magdalena.

En realidad, los orígenes de esta leyenda se remontan al siglo IX y provienen del libro *Vida eremita de María Magdalena*, que confunde su historia con la de María Egipcíaca y recuerda a la leyenda provenzal, pues desde el siglo VI la Iglesia oficial configuró la imagen penitencial de la Magdalena. En cualquier caso, *La leyenda dorada*, también llamada *La leyenda áurea*, que contiene muchas distorsiones que han alimentado los equívocos sobre María Magdalena, es importante para comprender la iconografía que representa a la santa e intuir cómo fueron sus últimos días, quizás no en Aix, como afirma la leyenda, pero sí cómo vivió su exilio de la primitiva comunidad cristiana liderada por los apóstoles varones.

Según la leyenda, después de la resurrección, María Magdalena no quería ver a nadie; y, en efecto, las fuentes documentales no ofrecen información precisa sobre su destino. También afirma que vivió treinta años en Aix y que, cada día, un ángel la subía siete veces al cielo para que asistiera a la celebración de las horas canónicas que se cantaban en gloria. Estas asunciones de María Magdalena cesaban cuando regresaba a su reclusión, hasta que un sacerdote se acercó allí, ella le pidió ropas y salió de su encierro para recibir la comunión de san Maximino, otro santo, justo antes de morir.

En la leyenda, convive ese ascetismo con su vida pública como apóstol, pues predicaba y hacía milagros. Y ambas sugerencias son probables, aunque se desarrollaran en el otro extremo del mar Mediterráneo.

El autor medieval pone de relieve que María Magdalena realizó un exilio voluntario, pero que ascendía a los cielos para celebrar la liturgia de las horas, porque la historia se debate entre justificar su desaparición y la necesidad de afirmar que la santa se mantuvo en comunión con la Iglesia oficial.

Es significativa la creencia de que María Magdalena no murió martirizada, a pesar de lo que algunas fuentes afirmaban, hasta el punto de que llegó a Teresa de Jesús, en el siglo XVI, que ya habla de ella como la mujer que no sufrió martirio porque vio morir al Señor. En efecto, la tradición católica preeminente asegura que ninguno de los que asistieron a la muerte de Jesús murió martirizado. Y en el caso de María Magdalena se insinúa la incorruptibilidad (indicio de resurrección) por el resto de carne que se conserva en el cráneo, no atestiguado hasta el siglo XIV,[71] que se considera una de las pruebas para afirmar que es el de María Magdalena; se halla en la frente, el lugar en el que, según el relato del monje dominico, Jesús la tocó al encontrarse con ella tras la resurrección. Sin embargo, si regresamos a la fuente histórica, el Evangelio de Juan no menciona que Jesús la tocara.[72]

Hubo un momento en que se consideró que el retiro de la santa se había ubicado en la cueva situada hoy en el pueblo de Saint-Maximin-la-Sainte-Baume, que en la época romana se consagraba a la diosa de la fertilidad, Diana Lucifera, representada con una antorcha encendida, cuyo culto en el sur de la Galia estaba muy arraigado. En Ratis, una isla costera, existía en la Antigüedad un templo dedicado a la diosa en sus formas de Cibeles, Artemisa e Isis; y, en la Edad Media, esta isla pasó a llamarse Saintes Maries de la Mer, pues según la leyenda allí arribaron las tres Marías.[73] Sustituir el culto a divinidades femeninas por el culto a santas fue el método que utilizó el cristianismo para convertir a los paganos, y en este proceso, las asociaciones arquetípicas a través de imágenes cumplen un papel preferente para mantenerse en el imaginario colectivo y que se asimile la nueva fe.

El 22 de julio aparece en el cielo, en la latitud de Egipto, la estrella Sirio, y comienza la crecida del Nilo, relacionada con la diosa Isis, y ya en el martirologio de Beda el Venerable, en el siglo VIII, se menciona esta fecha como la festividad de María Magdalena, cuyo culto se extiende un par de siglos más tarde, en el siglo X.

La última asociación simbólica que se produjo fue la de María Magdalena y el santo grial. Hay que tener en cuenta que el grial[74] es un símbolo medieval del recipiente de la comunión[75], que surge en el siglo XII a raíz de una obra de la literatura caballeresca de Chrétien de Troyes. Una lanza que no deja de sangrar[76] y el único alimento del rey del relato (la hostia dentro del grial) son símbolos muy claros de la vida eterna que se obtiene por la materialidad de Cristo, por su transubstanciación[77] en alimento. El grial se convierte en un enigma porque Perceval, el caballero, no pregunta a quién se sirve ni por qué la lanza no deja de sangrar, es decir, no pregunta quién vive ya como Cristo, quién está detrás de los signos.

La comunión para la Iglesia es la presencia material de Cristo, pues él está en el pan y en el vino consagrados, que transforman a quien toma el sacramento. En este sentido, el grial es el cristiano que recibe esta bendición, el cristiano que se alimenta de Cristo, y el hecho de asociar el grial a María Magdalena expresa que ella es una imagen verdadera de un Cristo hecho carne, una Cristia. Igualmente, la comunión se realiza en comunidad (los apóstoles, los caballeros de la Tabla Redonda que aparecen en otras obras de la literatura del grial), por lo que relacionar el grial con María Magdalena implica reconocer su papel como maestra o testigo predilecta. El enigma es por qué, en vez de buscar significados ocultos, no nos preguntamos quién fue María Magdalena realmente: quizás porque se trata de una mujer que asumió el mismo estigma de la incomprensión que Jesús de Nazaret, después de su muerte y resurrección, y, por tanto, se silencia su divinidad. Pero Jesús no pudo ser un verdadero hombre sin ella y el Cristo no tiene lugar sin María Magdalena. Su velo es el velo de la amante y trasluce la imagen de una mujer verdadera.

ANEXO

Con el fin de sintetizar mi trabajo de investigación, recopilo aquí, a modo de preguntas y respuestas, las fuentes sobre los orígenes históricos del cristianismo que servirán al lector o lectora como una breve guía.

¿Cómo conocemos las enseñanzas y la naturaleza de Jesús por las fuentes históricas?

Las fuentes cristianas contemporáneas a la vida de Jesús que relatan los acontecimientos de la época son:

- Fuente Q: No es un texto que se haya conservado, sino que su existencia se ha deducido de otros relatos. Se trata de un escrito que circularía entre los primeros creyentes y que contiene los dichos de Jesús, que nutren los evangelios canónicos de Lucas y Mateo, y algunos evangelios gnósticos o de sabiduría, como llama Bourgeault a los evangelios de Tomás, María y Felipe,[78] pues esta autora los diferencia del gnosticismo más filosófico.
- Evangelio según Marcos: Es el más antiguo, se atribuye a un discípulo de Pedro y de Pablo.

- Evangelio según Mateo: Atribuido a alguien que escuchó el testimonio del discípulo Mateo.
- Evangelio según Lucas: Atribuido a un discípulo de Pablo.
- Evangelio según Juan: Atribuido a un discípulo de Juan, con pasajes probablemente dictados por Juan, pues su forma de expresarse lo revela como autor, por comparativa con los Hechos de los Apóstoles.

Características de estas fuentes:

- Escritas en griego, pero son una traducción de textos en arameo.
- Tienen carácter literario, similar al relato corto, pero describen acontecimientos reales, de la realidad material o exotérica, y las enseñanzas públicas de Jesús.
- Tienen elementos simbólicos sencillos, especialmente en los dichos de Jesús, las parábolas, que se vuelven más profundos en el Evangelio según Juan, el más moderno.
- Muestran una concepción teológica continuista con el judaísmo, ya que hacen referencia al Antiguo Testamento como fuente de la promesa de la llegada del Mesías.
- Exponen cómo la tradición farisaica se opone a Jesús.

Las fuentes cristianas gnósticas o no canónicas cercanas a los acontecimientos son:

- Evangelio de Tomás: Quizás se trate de una fuente primaria, puesto que algunos investigadores lo fechan en el siglo I. Esto es importante, pues no se conserva el texto original. Este documento amplía la doctrina directa de Jesús que ofrecen los evangelios canónicos. Al haberse recuperado en lengua copta, no puede analizarse un sustrato arameo que nos acercaría a la lengua en la que hablaba Jesús y, por tanto, a los acontecimientos históricos. Sin embargo, algunos estudiosos entienden que hubo alguna fuente semítica anterior y que fue compuesto en Siria.

- Evangelio de María Magdalena: Comienza con un relato alternativo de los Hechos de los Apóstoles, por lo que narra acontecimientos reales de la vida de Jesús. Esta fuente es distinta a los evangelios sofiánicos del gnosticismo, en los que María Magdalena cumple un papel más simbólico, un rol filosófico-teológico. Por el contrario, en este, ella es con claridad la discípula favorita de Jesús, y su testimonio causa un conflicto y una división. Uno de los fragmentos se conserva en griego y otro únicamente en copto.

¿Por qué no se conservan más fuentes gnósticas o de sabiduría datadas en el siglo I para conocer la doctrina de Jesús?

Porque la corriente ortodoxa las destruyó y el soporte documental era frágil. Antes de la imposición del canon, las persecuciones de Diocleciano a los cristianos también hicieron estragos. Esos textos constituían una amenaza para los unos o para los otros. Es posible que algunos tengan su origen en tradiciones orales que se pusieron por escrito de forma tardía. La palabra escrita se ligaba al poder religioso, mientras que la espiritualidad solía transmitirse de boca en boca.

¿Cómo podemos conocer el contexto histórico en los territorios judíos en el siglo I por fuentes primarias, es decir, documentos producidos por los judíos y no por sus opositores?

A través de los evangelios canónicos y los evangelios de Tomás, María Magdalena y Felipe, por su manifiesto semitismo cultural, y de los manuscritos del mar Muerto encontrados en Qumrán, que documentan la vida de una comunidad esenia.[79]

¿Es posible que los evangelios apócrifos, magdalénicos o gnósticos contengan la doctrina de algún discípulo de Jesús que no tuvo un cargo de poder en la Iglesia oficial?

Sí, es posible. Si nos atenemos a la filología, se trata de documentos más tardíos que los evangelios canónicos, pero también son traducciones de textos más antiguos escritos probablemente en griego, la lengua en la que hemos conservado los evangelios canónicos. Lo sabemos con certeza de los fragmentos hallados en griego del Evangelio de María Magdalena. Y se nutren de la Fuente Q, que fue escrita en arameo. Relatan enseñanzas públicas de Jesús. Lo que sucede es que hacen más referencias a una doctrina iniciática, transmitida desde el corazón, de naturaleza espiritual e inspirada, que favorece la unión mística del creyente con la Divinidad, con una simbología que intenta frenar la polaridad de la mente humana descubriendo las incoherencias del mundo físico, de la realidad sensible. Muestran el reino que se percibe a través del corazón. Por tanto, no son las fuentes más cercanas en el tiempo para conocer su figura histórica, aunque plasman enseñanzas esotéricas desde una visión que fue contemporánea a Jesús y, probablemente, transmitida por él y por María Magdalena. Para entender esto, aconsejo leer el Evangelio de Felipe, por sus meditaciones teológicas, y el Evangelio de María Magdalena, por las razones ya expuestas. La Exégesis del Alma tiene más influencia del gnosticismo como corriente filosófica, pero es interesante leerlo por su descripción del alma originalmente andrógina que recupera esta condición a través del sacramento de la cámara nupcial. En cualquier caso, conviene comenzar por el Evangelio de Tomás con el fin de comprender los nexos entre la visión exotérica admitida por la ortodoxia y la esotérica, que fue defenestrada.

Es relevante tener en consideración el vínculo especial entre Jesús y María Magdalena y que él la instruyó para ejercer el apostolado como una labor que trascendía el testimonio de la resurrección. María Magdalena, probablemente, se dirigió no solo a los otros apóstoles, sino a cualquier persona que quisiera escucharla (sobre este hecho no se conservan fuentes escritas primarias, pero podemos deducirlo por la historia y la cultura de la época). Y lo hizo de forma oral o muy hermética por temor a la persecución de la ortodoxia, que como hemos visto se fundó pocos años después de que Jesús resucitara. Esta predicación alternativa sería la base de los evangelios magdalénicos y, con total certeza, de otros textos más complejos, gnósticos, como el Pistis Sophia. De cualquier modo, las traducciones y el paso del tiempo distorsionaron o, al menos, completaron sus enseñanzas originales.

El texto más importante para entender el vínculo entre ambos y cercano a los hechos históricos es el Evangelio de María Magdalena, que describe a los demás apóstoles su visión de Cristo y el relato de su regreso del inframundo.[80] Con frecuencia se ha estudiado el gnosticismo especulativo de Valentino como fuente para comprender las enseñanzas cristianas transmitidas por María Magdalena, pero nunca llegaron a conocerse, puesto que Valentino nació en el año 100 de nuestra era, y si recibió alguna influencia de Magdalena fue a través de un discípulo de Pablo.

El gnosticismo filosófico, desde sus orígenes, tiene un lugar privilegiado en Egipto. Si ha adoptado narrativas similares a las de los evangelios de Tomás y de María se debe a afinidades que no son históricas ni tampoco filosóficas. En la época helenística, las mujeres gozaron de mayores libertades que en la Antigüedad clásica, especialmente en Egipto, por lo que las prácticas espirituales que incorporaban a las mujeres y hacían referencia a la energía femenina pueden tener su origen en la tierra del Nilo. Sin embargo, no podemos afirmar que el corpus doctrinal del gnosticismo valentiniano acepte por completo la igualdad de las energías, pues su cosmogonía presenta con dramatismo la separación de la fuente original, en la que, por influencia del judaísmo, la energía femenina participa en mayor medida en el error que crea el mundo material y nos lleva a un dualismo que trata de superarse gracias a la chispa divina que habita en cada ser humano y a la reunión de opuestos.

En cualquier caso, los relatos del gnosticismo filosófico son textos muy interesantes porque muestran una pluralidad doctrinal con una base común y que acepta las distintas versiones, frente al sustrato arameo de los evangelios canónicos, que revela un acuerdo doctrinal en los primeros tiempos de la Iglesia exotérica. En este sentido, el hecho de considerar al demiurgo como el Dios judío y como un dios falso parece formular una crítica explícita a la teoría del pueblo elegido por Dios. No hay mayor error filosófico que creerse en posesión de la verdad, y el gnosticismo no caería en eso.

Podemos afirmar que el gnosticismo como corriente filosófica es fundamentalmente cristiano, pero hay que tener en cuenta que los textos que nos dan acceso a la doctrina están alejados de las enseñanzas originales de Jesús. Por eso, Cynthia Bourgeault no califica de gnósticos a los evangelios de Tomás, María y Felipe, ya que los considera mucho más próximos a las corrientes de sabiduría universal de tradición semítica y también a los orígenes históricos del cristianismo.[81]

En conclusión, el Evangelio de Juan y el Evangelio de Tomás son los más conciliadores, pues integran la vida de Jesús y sus enseñanzas directas de forma asequible para cualquiera de sus seguidores. Creo que son los más útiles para conocer la cristología de los primeros años. Sin embargo, la cristología que la Iglesia abrazó con posterioridad se apoya en la filosofía neoplatónica, que surgió en el siglo III y no es de carácter cristiano. La Iglesia, al incorporar doctrinas ajenas al cristianismo a raíz de su acercamiento a las corrientes filosóficas predominantes, comienza una historia lineal de combates laberínticos para abarcar con la mente racional una realidad que no puede entenderse de ese modo. Y abandona los evangelios magdalénicos y los textos del gnosticismo porque no aceptan sus enseñanzas en los términos que se formulan. En algunos de estos, se atribuye la creación de la realidad material a un falso demiurgo, se afirma que María Magdalena es una maestra y se expone un camino para que el creyente realice una ascesis personal, en contraposición a ser un mero seguidor de Cristo, como indican los evangelios canónicos. Entre todas estas controversias, las enseñanzas ascéticas se convierten en las más peligrosas porque ofrecen a las personas un acceso a la sabiduría, y la sabiduría las libera de los poderes políticos y religiosos imperantes.

¿Es el gnosticismo una corriente elitista?

Como hemos visto, los evangelios de Tomás, María Magdalena y Felipe tienen una filosofía algo más sencilla, especialmente los dos primeros, que los textos del gnosticismo clásico, y aunque están insertos en la espiritualidad del Medio Oriente, no pertenecen al gnosticismo, por mucho que hayan servido de inspiración a esta corriente y la Iglesia los haya calificado como tales.

Los estudiosos coinciden en afirmar que los demás textos apócrifos de filosofía gnóstica muestran un carácter elitista porque su complejidad filosófica y simbólica no está al alcance de todos los adeptos.

¿El cristianismo gnóstico llegó a Italia y al sur de Francia?

Sí, la gnosis permaneció, probablemente por transmisión oral, en buena parte de las corrientes heréticas que se persiguieron durante la Edad Media. Para fundamentar esta hipótesis, he rastreado la pervivencia de la doctrina de que no existe el pecado, sino la enemistad con el corazón.

Entre las numerosas fuentes que lo constatan, estaría la declaración de Grazida Lizier, formulada en 1310, ante el inquisidor encargado de la persecución de los cátaros,[82] en la que esta mujer analfabeta afirma que el sexo fuera del matrimonio, si se desea, no es un pecado. Se trata de una prueba documental que nos acerca más al pensamiento popular que a las élites. Aunque resulta difícil investigar la historia social en la Edad Media, pues hay menos publicaciones sobre el tema, a través del estudio de esas fuentes conocemos la manera de pensar de las personas comunes, para mí más interesante que las sociedades secretas,[83] que nos remiten de nuevo a las élites.

¿Qué ideas se impusieron cuando la Iglesia adoptó el neoplatonismo como fuente filosófica con el fin de formular las verdades o dogmas divinos?

- La separación entre Dios y su creación, puesto que Dios no puede ser material. Esta afirmación es generalista, pero la polémica filosófica entre nominalistas y realistas (hice un estudio en la universidad sobre este tema al aproximarme a la figura de Wyclif como precursor del cisma anglicano) demuestra que el dualismo no se superó en ningún momento.
- La eliminación del principio de polaridad de las emanaciones del Uno en energías masculina y femenina. El ánima se olvida. La Shekhiná permanece en el exilio y el reino de Dios se relega al futuro. Se niega que el carácter neutral de la Divinidad implique la reunión de las energías masculina y femenina.
- El triunfo del acercamiento racional a las enseñanzas cristianas. Se reduce la experiencia corporal y el camino interior se relega a los monasterios.
- La teoría de la salvación por la fe, impuesta por el callejón sin salida filosófico, aunque ya formulada por Pablo antes del neoplatonismo. De esta

forma, los creyentes dejan de participar con la misma potencialidad en su propia liberación.

- La armonía entre la filosofía religiosa y el poder político imperante en la época, con la consecuente distancia de la fuente original.

En esta investigación sobre los orígenes históricos del cristianismo, me he ceñido a un estudio crítico de las fuentes documentales cercanas a la vida de Jesús y al análisis de estas, incluyendo la obra de los doctores católicos que en el sustrato arameo de los evangelios canónicos buscan la lengua de Jesús y su origen en la comunidad de Jerusalén. Quizás se considere una síntesis útil para discernir entre toda la información que prolifera sobre los primeros siglos del cristianismo, pues pone en valor las fuentes materiales, pero reconoce también sus limitaciones.

Creo que el hecho de que no pertenezco en la actualidad a ninguna de estas corrientes (no soy católica, no soy gnóstica, no profeso una religión) confiere neutralidad al relato, si bien hay que tener en cuenta que aún me considero cristiana. Fueron diez años cruciales de mi vida y el afecto que germinó en mi memoria se ha convertido en afán por investigar y comprender mejor mi historia espiritual.

ORACIONES A MARÍA MAGDALENA

Gracias a la sacerdotisa de Avalon Sandra Román, tuve la guía necesaria para trabajar con María Magdalena a nivel energético y encontrar las oraciones de mi corazón, únicas por mi historia, para crear mi propio rosario junto con otras mujeres a través de las maravillas del mundo virtual. Prefiero no compartir en esta obra los misterios que conforman mi rosario, creo que lo mejor que puedo aportar a las lectoras y a los lectores son las oraciones que surgieron espontáneamente de mi corazón y que me acompañan cada día:

<u>Oración de apertura</u>
Madre de vida, escúchanos.
Bendícenos con tu canto.
Llévanos a tu esperanza.
Desvela nuestra luz.
Purifica nuestros deseos.
Protege nuestros pasos.
Permanece siempre con nosotras.
Que así sea.

Oración central

La Divinidad y tú sois una, María de Magdala.
Mujer maestra de Jesús, Tomás y Leví.
Maestra de los apóstoles a través de Jesús, con quien creaste el Cristo.
Ungidora de los que van a sanar.
Tú cubriste con tu óleo a quien iba a morir.
Tú lo acompañaste de la cruz al descenso.
Tú nos revelaste su triunfo sobre la muerte.
Llenaste nuestras manos con su cáliz.
Y tu amor ha perdurado por siglos y siglos.
Ayúdanos a resucitar.
En este tiempo, en el que fue y en el que viene,
sostén nuestra alegría de vivir
y ayúdanos a permanecer siempre en nuestro corazón.

Oración de cierre

Tú, que fuiste, eres y serás, permanece en nuestros corazones, llénanos de vida y danos la paz de contemplar.

AGRADECIMIENTOS

A Ana Otero, mi maestra de yoga del útero, que en 2016 reavivó mi interés por María Magdalena y el arquetipo de la amante.

A Sandra Román, mi maestra de bendición del grial, por la sencillez y la profundidad de sus enseñanzas; aunque no llegué a completar la formación porque mi vida dio un giro a finales de 2022, me resultó muy útil para ahondar en el camino de la diosa.

A Alexandre Painco, alcalde de Rennes le Château, por su acogida y por recordarme el código del grial en la iglesia de María Magdalena, en su pueblo, y su valor como símbolo asociado a la santa, aunque esta obra no está dedicada al camino esotérico que surgió en Francia en el siglo XIX.

BIBLIOGRAFÍA

- Biblia de Jerusalén.
- Bourgeault, Cynthia (2010). *The Meaning of Mary Magdalene: Discovering the Woman at the Heart of Christianity*. Shambala.
- Traducción al castellano: Bourgeault, Cynthia (2019). *María Magdalena (Estudios y documentos)*. Obelisco.
- Brenon, Anne (2015). *Le vrai visage du catharisme*. Editions La Louve.
- Chilton, Bruce (2005). *Mary Magdalene: A Biography*. Doubleday Religion.
- García, José Miguel (2007). *Los orígenes históricos del cristianismo*. Ediciones Encuentro.
- Guénon, René (2021). *Sobre esoterismo cristiano*. Obelisco.
- Herbaux, François (2020). *Une femme culte. Enquête sur l'histoire et les légendes de Marie Madeleine*. Editions Gausen.
- Lorente-Bull, Darren (2020). *El gnosticismo: En busca de la chispa divina*. Ediciones Matrioska.
- Piñero, Antonio (2011). *Todos los evangelios*. Colección Arca de Sabiduría. Editorial Edaf.
- Román, Sandra (2020). *La bendición del grial: Claves para la sanación del Alma y de la Herida Femenina, más allá del género*. Publicación independiente.

- Starbird, Margaret (2005). *La diosa en los evangelios: En busca del aspecto femenino de lo sagrado*. Obelisco.
- De Troyes, Chrétien. *El cuento del grial*.
- Watterson, Meggan (2021). *Mary Magdalene Revealed: The First Apostle, Her Feminist Gospel and the Christianity We Haven't Tried Yet*. Hay House UK.
- Traducción al castellano: Watterson, Meggan (2020). *María Magdalena revelada: la primera apóstol, su evangelio feminista y el cristianismo que aún no hemos experimentado*. Editorial Sirio.
- Pérez Jiménez, Aurelio y Cruz Andreotti, Gonzalo (ed.) (1995). *Hijas de Afrodita: La sexualidad femenina en los pueblos mediterráneos* (pp. 220 ss). Ediciones Clásicas.

NOTAS

1: Marcos 14. Es importante tener en cuenta que el Evangelio de Marcos es el más antiguo de los canónicos.

2: Conviene leer la traducción que realiza José Miguel García Pérez del sustrato arameo, que se encuentra en el capítulo XIV, apartado 2 de su obra *Los orígenes históricos del cristianismo.*

3: Los relatos evangélicos escritos en arameo serían los más cercanos a los hechos históricos, puesto que Jesús hablaba en arameo.

4: Los evangelios canónicos están escritos en griego, pero un estudio minucioso de su vocabulario ha revelado que son traducciones de textos en arameo hechas sin un conocimiento adecuado, por lo que su interpretación literal resulta arriesgada. Algunos investigadores se han aventurado a realizar una traducción inversa del griego al arameo con el fin de iluminar el significado real de algunas palabras clave de la narrativa evangélica. Este procedimiento, desde un punto de vista académico, solo puede llevarse a cabo desde una lengua al sustrato original, en ningún caso con una traducción inversa sin base en una autoría, es decir, sin signos lingüísticos que revelen el sustrato de la lengua anterior, pues esos signos son la prueba de que el texto en un principio fue escrito en una lengua diferente a la que ha llegado hasta nosotros.

5: Esta traducción responde a la obra de Antonio Piñero Todos los evangelios, que no tiene en cuenta el sustrato arameo de los evangelios canónicos.

6: Traducción de «*episcopal priest*». Por ello, no se traduce como «sacerdotisa».

7: Hago referencia a la interpretación de José Miguel García Pérez en su obra *Los orígenes históricos del cristianismo*, donde se decanta por la traducción basada en el sustrato arameo y por la palabra «guardias» en lugar de «ángeles», que figura en el texto griego que ha llegado hasta nosotros.

8: Traducción de José Miguel García Pérez en su obra *Los orígenes históricos del cristianismo.*

9: Gedeón es un pseudónimo con el que nombro a un amigo de mi infancia que es sacerdote. Este amigo también investigó el sustrato arameo de los evangelios canónicos en Jerusalén.

10: Los evangelios canónicos de Marcos y Juan afirman que María Magdalena fue la primera testigo de la resurrección y que la presenció en solitario.

11: Juan 1: «En el principio era el Verbo».

12: Por su definición etimológica, son evangelios secretos u ocultos; la tradición los considera ajenos a la ortodoxia.

13: Aunque los estudios datan el Evangelio de Tomás en fecha muy temprana, la versión que conservamos es muy posterior, por lo que no hay certezas sobre sus orígenes. Lo más probable es que solo sea de fecha temprana una parte de este documento, que habría recibido añadidos e interpolaciones a lo largo de los siglos.

14: En el Evangelio de María Magdalena.

15: Consultar anexo.

16: Leví aparece en el Evangelio de María Magdalena como discípulo que cree en su testimonio y el Evangelio de Tomás muestra una imagen de Jesús muy cercana a los orígenes y a la que ofrece el Evangelio de María Magdalena. Aunque Tomás no fuera el autor del evangelio que lleva su nombre, se deduce que acepta su liderazgo y forma parte de su comunidad de seguidores.

17: Se ha sugerido que Leví es el apóstol Mateo, pero parece poco probable que sean la misma persona.

18: Se han perdido las páginas del texto en las que quizás Jesús explicaría más mecanismos de contemplación visionaria o el proceso de ascenso. Por tanto, no tenemos el comienzo del recital del proceso del alma en el que esta podría identificarse con María Magdalena o con Jesús, pues ambos se han unificado en la visión.

19: Es importante tener en cuenta que, si bien la mayor parte de los estudiosos afirman que el Evangelio de Tomás se compuso por primera vez en griego, el texto copto recuperado de Nag Hammadi es una traducción del siríaco, por lo que las dificultades de traducción son mayores.

20: Los relatos de los exorcismos de Jesús aparecen en los evangelios de Marcos y de Lucas y utilizan el número de demonios de forma simbólica. En la descripción de otro pasaje de este tipo, se hace referencia a que son una legión (seis mil), lo cual a mi entender no puede interpretarse en un sentido político, que en ningún caso tienen los evangelios, sino numerológico, y simboliza una posesión muy destructiva. En la cultura cristiana, el ocho es el número de la gracia y el seis es el número del diablo, pues es inferior al siete, que es el número de la Tierra. Por tanto, el exorcismo de María Magdalena se vincula a algún mal terrenal suyo. La asociación del siete con su figura se mantuvo en las leyendas que se escribieron sobre ella.

21: Al llegar a la cuarta fuerza, las siete fuerzas se reproducen en ella, y al responder el alma, se declara la liberación y luego el silencio de María porque el Salvador está con ella.

22: He realizado esta traducción al castellano basándome en la de Cynthia Bourgeault en *The Meaning of Mary Magdalene*, pp. 63-64.

23: El Pistis Sophia probablemente se escribió en el siglo III. La primera parte trata sobre la caída de la Sabiduría y su arrepentimiento; la segunda, sobre su liberación, y la tercera, sobre el pléroma o reino de los eones celestiales.

24: Cabe señalar que el gnosticismo setiano de Egipto es más antiguo que el de Valentino y no está relacionado con la María Magdalena histórica ni con las enseñanzas de Jesús, otra prueba de que no debe utilizarse solo el criterio cronológico para valorar las fuentes más cercanas a la predicación de María Magdalena.

25: Fragmento de una canción de las clarisas de Lerma, cuyo monasterio (ahora Iesu Communio) visité en varias ocasiones durante mi etapa universitaria. Sus canciones acompañaron mi práctica cristiana gracias a unas cintas de música que adquirí allí.

26: Esta mención en *Mulieris Dignitatem*, la carta apostólica de Juan Pablo II, tiene su origen en el siglo III, pues es un atributo que Hipólito otorga a Magdalena. Hasta el siglo IV no se identifica a María Magdalena con María de Betania. Hasta el siglo VI no se produce la asociación explícita de María Magdalena con una pecadora arrepentida (homilía de Gregorio Magno).

27: En mi obra *Bienamada*, relato mi experiencia a raíz del encuentro con mi llama gemela y sus conexiones con mi pasado cristiano.

28: Una terminología que supera el concepto de arquetipo junguiano y también la visión platónica de las ideas y de las sombras que las reflejan. Para Bourgeault, la imagen es la unidad previa al surgimiento de los opuestos. Lo importante es comprender que la resurrección sucede en un plano de realidad superior y que, como Jesús se está comunicando con María Magdalena, la discípula puede hablar por su maestro.

29: Se puede traducir como fuerza del deseo o fuerza del ansia.

30: He creado esta palabra a partir de la configuración filológica de los nominativos femeninos del griego. No existía un término en lengua moderna para una mujer ungida, pero, si nos adentramos en las lenguas evangélicas, nos encontramos con la cristia y la criusa. Cristia es la ungida. María Magdalena sería igualmente criusa: la que unge.

31: Leví lo expresa en el Evangelio de María Magdalena. Tomás no es un personaje de este evangelio, pero deducimos su comunión con las enseñanzas cristianas de María Magdalena porque su evangelio tiene algunas muy similares a las del Evangelio de María Magdalena.

32: Los evangelios canónicos coinciden en que la resurrección de Jesús, al contrario que la de Lázaro, no es únicamente un hecho corporal. En este sentido, es muy relevante el Evangelio de Lucas y la escena de los discípulos de Emaús, que en un principio ven a Jesús resucitado, pero no saben quién es debido a la incapacidad de sus ojos para reconocerlo. Por tanto, la resurrección de Jesús se testimonia por un movimiento del corazón hacia una verdad más allá de la razón y de la realidad tangible. Sin embargo, se acentúa el hecho corporal para luchar contra las doctrinas docéticas, que consideraban que el cuerpo de Jesús era aparente.

33: Si interpretamos «alteza» como una forma femenina de la palabra mareh en arameo, que significa «señor».

34: En cualquier caso, su influencia es indirecta, pues en cierto sentido parece que la María Magdalena histórica se esfuma con la ascensión de Jesús, como si hubiera participado de ella o su marginalización por parte de Pedro y Andrés fuera muy dramática. Solo tiene voz propia en el Evangelio de María Magdalena, que narra un episodio posterior a la muerte de Jesús pero previo a la ascensión, y en otros documentos apócrifos. El único que la acepta como apóstol de Jesús es Leví, una voz silenciada de la que no tenemos noticias (difícilmente es el apóstol Mateo). Su influencia es como una diagonal que se intercala de forma disimulada en los textos sagrados más primitivos. Su perfil se modifica con el auge de los textos del gnosticismo de tendencia sofiánica, en los que su papel es simbólico o filosófico y no se hacen referencias tan significativas a su historicidad, a la huella que dejó con su existencia física.

35: La tradición católica afirma que Lucas visitó a la Virgen María en Éfeso para documentar su evangelio. Lo cierto es que, aunque tuviera que conocer bien las experiencias de la madre de Jesús, resulta más probable que encontrara la fuente en Jerusalén o en Antioquía. Mi hipótesis es que María permaneció en Jerusalén, como asegura la Iglesia ortodoxa, y quizás se trasladó a Antioquía con Pedro. El papel de la Virgen en el sustrato arameo de los evangelios canónicos es relevante, lo cual sugiere que la comunidad primitiva de Pedro y de Santiago convivió con ella, pues esta comunidad, como hemos visto, origina el canon cristiano y revive las raíces judías. Si María hubiera estado en Éfeso, Pablo habría referido en sus escritos la presencia de alguien tan importante o una visita tan significativa como la de Lucas. El culto a la Virgen María en Éfeso se enfervorizó como oposición al culto pagano a la diosa Artemisa, y de alguna forma su energía permanece allí. Respecto al papel de Éfeso en los primeros tiempos de la Iglesia dominante, en el siglo V encontramos ya menciones de la muerte de María Magdalena en este lugar, por martirio. Sin embargo, si esto hubiera sido así, existirían referencias sobre cómo sucedió. Esta teoría se basa en la hipótesis de que la Virgen María, san Juan y María Magdalena convivieron y Lucas los visitó en Éfeso para documentar su evangelio. Yo considero poco probable que María Magdalena fuera fuente directa de los evangelios canónicos, como afirma Bruce Chilton, pues en ellos se intenta desdibujar su identidad.

36: Felipe no escribió el evangelio que lleva su nombre, pero los lugares de su misión apostólica coinciden con la espiritualidad que se describe en este texto, así que debe estar relacionado con su comunidad de discípulos.

37: Pablo era un judío de Tarso de la estricta observancia, un fariseo, por lo que su cristología tan madura tuvo que originarse en la primitiva comunidad cristiana de Damasco. En realidad, la virginidad evoca al ser humano completo, íntegro (el *anthropos* del que hablan los evangelios magdalénicos, pero también los evangelios canónicos cuando se refieren a Jesús como «el Hijo del Hombre»), y su distorsión paulina la convierte en pureza sexual. Sin embargo, cabe destacar que Pablo se opone a que los conversos se circunciden o sigan las costumbres judías. De ahí que su mensaje calara fundamentalmente entre las comunidades de gentiles. Esta defensa de la renovación cristiana lo enfrentó en varias ocasiones a la Iglesia de Jerusalén, proclive a subrayar los orígenes judíos de la nueva fe. Los responsables de la influencia indirecta de María Magdalena sobre Pablo serían los discípulos de Tomás, Leví y Felipe que residieran en Damasco.

38: Gálatas 3, 28.

39: La Iglesia de Jerusalén configura una narrativa de la vida, significado y visión de Jesús que da origen al canon, por eso en esta obra se denomina canónica, aunque hasta finales del siglo II, con san Ireneo de Lyon, no se explicite que los evangelios de Mateo, Marcos, Lucas y Juan son los textos verdaderos para la Iglesia, ante la proliferación de los evangelios apócrifos. Se confirma ya en el siglo IV y el canon de las Sagradas Escrituras se instaura como dogma en el siglo XVI.

40: Es significativo que en una religión tan tardía y fiel a la sabiduría universal como es el sikhismo, Guru Gobind Singh se hiciera iniciar por sus discípulos en el momento en que instituye la *khalsa*, la hermandad de los puros. Esto sucedió en el siglo XVIII de nuestra era.

41: El gnosticismo de carácter especulativo o filosófico es un producto de la cultura helenística y bebe de fuentes judías, cristianas y paganas. Los autores de estos textos apócrifos exceden las enseñanzas cristianas originales, pero ello no invalida que contengan una filosofía con orígenes cristianos.

42: En palabras de Cynthia Bourgeault, «un lugar de unidad antes de que aparezcan los opuestos» (op. cit.).

43: Meggan Watterson hace referencia a la meditación hesicasta y al hesicasmo como prácticas ascéticas del cristianismo esotérico del Medio Oriente.

44: María Magdalena es desprovista de su identidad para desviar la atención del acto de la comunión íntima y preparatoria de la muerte de Jesús. De ahí que Lucas evite que se asocie este gesto a la Pascua y de ahí también que ningún evangelista lo atribuya a María Magdalena. La fusión de María Magdalena con María de Betania no se produce hasta el siglo IV, y algunos teólogos como Orígenes (184-253) no son partidarios de la teoría unitaria de los personajes de María Magdalena, María de Betania y la pecadora que protagoniza la unción en el Evangelio de Lucas. Mi hipótesis es que la soltería, independencia y libertad de María Magdalena no se veían como un modelo femenino aceptable en aquellos momentos, por lo que la describen como una pecadora (Evangelio de Lucas) o como una soltera que vivía con sus hermanos (Evangelio de Juan). Se reforzó una imagen de pecadora, penitente y arrepentida con el fin de diferenciarla de Jesús en los inicios, reducir su papel en su historia y así impedir que se le considerara Cristia.

45: Para comprender cómo se produjo la identificación entre ambas Marías, recomiendo consultar *Une femme culte*, de François Herbaux, que analiza todas las fuentes documentales que existen sobre María Magdalena. Es importante señalar que en la actualidad la Iglesia católica tampoco apoya la teoría unitaria, a pesar de haberla refrendado durante siglos. Desde que en 2016 se elevó la festividad de María Magdalena al rango apostólico, se está reivindicando su figura y se cuestiona el pasado pecaminoso que se le ha atribuido.

46: La palabra «boca» se ha deducido, pues también sufrió mutilación. El beso en la boca tiene un significado simbólico de transmisión de maestro a discípulo; pero, debido a la preferencia que Jesús sentía por María Magdalena, tal y como se expresa en el Evangelio de Felipe, puede entenderse también como gesto físico, pues era un hábito.

47: En las bodas de Caná, Jesús transforma el agua en vino, su primer milagro, y quien está presente es su madre, María. En este episodio, comienza a revelarse como Mesías. Ese es el mensaje de este relato.

48: En Marcos 10, 2-12, Mateo 19, 3-12. En el relato del Evangelio de Mateo, el término «eunuco», que Jesús utiliza simbólicamente, sugeriría otra forma de designar al anthropos, el ser humano completo. Otro pasaje sobre el matrimonio en el que Jesús ofrece una respuesta similar, esta vez a los saduceos, se recoge en Lucas 20, 27-38. En este pasaje también se sugiere que quien ha completado el proceso espiritual se vuelve como un ángel, y no precisa del matrimonio porque está completo en sí mismo y es hijo de la resurrección.

49: Dentro del territorio egipcio, las imágenes coptas heredaron la concepción isíaca, dando lugar a las figuras de María Lactans. En las obras de este período, solo se diferencia a Isis de la Virgen María porque Harpócrates se chupa el dedo y Jesús no. En aquella época, Isis se representa con túnica, sandalias y el nudo isíaco a la altura del pecho. Y se hizo del mismo modo con María.

50: Datado por la mayoría de los estudiosos en el siglo II y escrito originalmente en griego, como los evangelios canónicos.

51: Para los ortodoxos, el tránsito de María es la dormición, pues los apóstoles percibieron buen olor en su sepulcro, en Jerusalén.

52: Filón de Alejandría realizó exégesis bíblica, pero no escribió sobre Jesús ni sobre cristianismo.

53: El apóstol Pablo, en una de sus cartas a los corintios, identifica a Cristo con Sabiduría (Corintios 1, 24).

54: En el pensamiento gnóstico clásico, más filosófico que los evangelios magdalénicos pero influido por ellos, el demiurgo, identificado con Yahvé, no es el Dios verdadero, sino el príncipe del mundo, y este mundo y su orden están gobernados por los arcontes. La palabra «arconte» procede del griego de la época helenística y alude a un cargo público. Con esta forma de concebir el mundo material, el pensamiento gnóstico se adscribe a una posición crítica con las instituciones religiosas y temporales. En mi opinión, esto no supone un rechazo tácito al mundo material, como afirman los investigadores, puesto que, en la cosmogonía gnóstica, a partir del mundo material es posible el conocimiento y el acceso al Dios verdadero. En su filosofía, la salvación o liberación se produce en vida. Los grupos gnósticos fueron muy ritualistas y algunos de ellos, como los borboritas, llegaron a utilizar fluidos corporales (sangre menstrual y semen), lo cual demuestra una sacralización radical de la materialidad más íntima. El gnosticismo sofiánico no es el objeto de este estudio, ceñido a las fuentes más próximas a los hechos históricos y a la figura de Jesús como maestro, pero es importante subrayar que son textos con raíces cristianas. En este sentido, para comprender las enseñanzas originales son más fiables los que tienen mayor influencia de la cultura semítica que aquellos en los que pesa más la filosofía helenística.

55: Texto escrito en copto sahídico, la lengua literaria que se extendió años más tarde en la región egipcia de Hermópolis. El papiro conservado data del siglo IV, pero los investigadores consideran que el texto original es anterior y se escribió en griego, en concreto en Siria, en Edesa y en Antioquía.

56: Incluso en un evangelio tan antiguo como el de Tomás aparece una referencia a la cámara nupcial y varias menciones a la androginia (el *anthropos*).

57: En algunas corrientes protestantes, la Virgen María ya se considera parte de la Trinidad, conformando una Cuaternidad Divina.

58: Cristo se encarna para mostrar un camino de liberación a toda la humanidad. Pero, si solo se encarna en un hombre, quedarían fuera de su existencia histórica las mujeres y los miembros del tercer género, en los que la energía masculina y femenina está presente en algún aspecto material, bien sea en los genitales (hermafroditismo) o en algún aspecto de su expresión sexual ante el mundo. A nivel teológico, se solventa con la llegada del Espíritu Santo y la participación de la cristiandad en el Cuerpo de Cristo, pero se establece una diferencia determinante *a priori*.

59: Eclesiástico 24.

60: Proverbios 8.

61: Sabiduría 9, 1-2. José Luis Espinel en mercaba.org.

62: Los orígenes de la cristología están en las cartas del apóstol Pablo, un judío culto cuya lengua principal fue el griego y acostumbrado a estudiar la traducción al griego del Antiguo Testamento.

63: Juan 2, 5. Traducción extraída de la obra de Antonio Piñero que aparece en la bibliografía.

64: ¿Es verdaderamente Dios un principio separado de su creación, tal como señalan las religiones judía, cristiana e islámica? No he conocido a ningún hindú que viva de acuerdo con el nihilismo o la anarquía espiritual por el hecho de considerar que Dios es todo. La mentalidad oriental no considera blasfemia afirmar que un ser humano, sea hombre o mujer, es Dios. No puede existir nada que no sea Dios. Dios es la totalidad manifiesta y no manifiesta. Ciertamente, ningún maestro de las religiones que se han originado en India (hinduismo, budismo, jainismo y sikhismo) ha afirmado explícitamente ser Dios. Esto es original del cristianismo. Traigo a colación esta interpretación, que podríamos llamar panteísta, de lo divino, para evidenciar que la concepción oriental de la Divinidad tiene fundamentos filosóficos diferentes a la occidental.

65: Virgen como *anthropos* o ser humano completo.

66: Esta frase la pronunció un guía durante una exposición, en la peregrinación a Roma del año 2000.

67: Debido a que la historia de los templarios fue demasiado breve, no se puede considerar la única fuente posible para seguir la estela de María Magdalena en la historia. Cuando la Orden del Temple se disolvió, una buena parte de sus riquezas se derivó a la Orden del Hospital, que puede considerarse la institución heredera. Es importante señalar que los mercaderes amalfitanos fundaron el hospital dedicado a san Juan Bautista poco antes de 1070, en Jerusalén, como dependencia de la casa benedictina de la iglesia de Santa María de los Latinos, y que en ella replicaron la basílica del crucifijo de Amalfi, anterior al siglo VI, que estaba dedicada a la asunción de la Virgen. Después se fundó un segundo hospicio para mujeres en honor a santa María Magdalena, por lo que hubo mujeres en la Orden del Hospital, pero no en la orden templaria. Es tradición de las órdenes militares construir nuevas sedes dedicadas a los mismos patrones que las sedes de origen. Bernardo de Claraval, uno de los fundadores de la Orden del Temple, escribió noventa sermones sobre el Cantar de los Cantares y en ellos habló del significado de los besos espirituales. Esta relevante figura mostró una gran devoción por María Magdalena como novia mística de Cristo.

68: Según el *Synaxarion*, fue enterrada en la Cueva de los Siete Durmientes, en Éfeso. Hasta el siglo V las fuentes no hacen referencia a su tumba, por lo que podemos afirmar que no sabemos nada acerca de su muerte. La tradición católica asegura que la Virgen María, Juan y María Magdalena vivieron en Éfeso.

69: La datación que ofrece esta fuente ha sido cuestionada por los historiadores y la tumba no se encuentra hasta el siglo X.

70: Los estudios científicos consideran probable que el cráneo perteneciera a una mujer morena de Oriente Próximo, es decir, una emigrante cristiana de los primeros tiempos del cristianismo. La datación precisa del esqueleto resulta complicada al encontrarse fuera de su contexto arqueológico, en un sarcófago de época más tardía. El origen de la etiqueta que identificó esos restos con María Magdalena es dudoso, por lo que no se puede afirmar que se trate de su cuerpo.

71: Según una crónica sobre el descubrimiento del cuerpo escrita en el siglo XIV por el inquisidor general de los dominicos en Toulouse.

72: El relato evangélico tampoco menciona que le prohibiera tocarlo, si revisamos la traducción del arameo al griego. El narrador del texto del hallazgo pretende que pensemos que ella estaba arrodillada, como señal de sumisión a Jesús, y dejar claro que él sí podía tocar y ella no.

73: Alexandre, alcalde de Rennes le Château, explica que, en cualquier caso, el lugar al que llegó María Magdalena, según las leyendas, sería el municipio de Sainte-Marie-la-Mer, más cercano al puerto de Narbona, y no el municipio provenzal.

74: La atribución enigmática del grial en la obra *El cuento del grial* se debe a que Perceval, al estar en pecado, no pregunta a quién se sirve con el grial ni por qué la lanza sangra. Es decir, no puede comulgar y resolver el misterio de su gesta porque ese pecado lo mantiene en la ignorancia.

75: Un cáliz que contiene una hostia que alimenta espiritualmente.

76: El primer símbolo que aparece en la narración es una lanza blanca con una gota de sangre que llega hasta la mano del paje portador. Representa la sangre de Cristo.

77: La transubstanciación de la eucaristía no se considera dogma hasta el siglo XVI, pero se hace referencia a la misma en el Concilio de Letrán, a comienzos del siglo XIII, por lo que en la Edad Media ya se define cómo el Cuerpo de Cristo puede convertirse en alimento. Lo importante es que el grial simboliza al cristiano que comulga, que está en comunión. La Iglesia es también un símbolo del Cuerpo de Cristo, y María Magdalena, al ser la primera cristiana, un símbolo de la Iglesia, la amante y la novia del Cantar de los Cantares en la liturgia y en la mística. Esto ha estado presente en la tradición de la Iglesia. Sin embargo, como en el caso de la Virgen María, ha tratado de definir con claridad la diferencia entre Cristo y la primera cristiana, por lo que la novia mística ha sido sustituida por la penitente.

78: Los evangelios de Tomás y de Felipe forman parte de la colección de Nag Hammadi, pero no el primer texto del Evangelio de María Magdalena, pues fue encontrado también en Egipto a finales del siglo XIX, escrito en copto. Más adelante se hallaron otros fragmentos en griego que sugieren su antigüedad.

79: La comunidad esenia y las comunidades en las que se gestaron los evangelios canónicos tienen muchos puntos en común, y en los manuscritos de Qumrán se habla de un maestro de justicia que podría identificarse con Jesús de Nazaret, pero el modo de vida de esta comunidad era demasiado ascético y no existen pruebas suficientes para afirmar que Jesús fuera un esenio.

80: Bourgeault, Cynthia, *The Meaning of Mary Magdalene*, capítulo 4.

81: Algunos académicos hablan de «gnosis» para referirse a las ideas del siglo I que luego habrían de desarrollarse en el gnosticismo y reservan el término «gnosticismo» para la síntesis de esas ideas en un movimiento coherente en el siglo II. De acuerdo con el investigador James M. Robinson, ningún texto gnóstico antecede claramente al cristianismo, sin embargo, la biblioteca encontrada en 1945 en Nag Hammadi contenía enseñanzas herméticas que quizás se remontan al tercer milenio antes de Cristo. En relación con los orígenes del pensamiento gnóstico, cabe señalar que la terminología utilizada en estos textos aparece en otros de sectas del judaísmo. Las especulaciones cosmogónicas entre los cristianos gnósticos se basaron en parte en los textos místicos judíos del Maaseh Bereshit y del Maaseh Merkabah. En el gnosticismo existen influencias del apocalipticismo judaico, la especulación sobre la sabiduría divina, la filosofía griega y las religiones mistéricas helenísticas, por lo que no podemos afirmar que el gnosticismo sea exclusivamente cristiano.

82: La doctrina cátara tiene sus orígenes en los evangelios canónicos, no en los gnósticos, que ya se habían perdido cuando surge la herejía, pero también cuenta con literatura propia. En cualquier caso, los cátaros solo utilizaban dos textos apócrifos de los primeros siglos del cristianismo, La Cena Secreta y La Visión de Isaías, por lo que la transmisión oral debió de jugar un papel fundamental al principio. La investigadora Anne Brenon expone que esta herejía surge en la Edad Media como reactivación de las Iglesias primitivas paleocristianas con influencias del gnosticismo. Para los cátaros, el matrimonio no es un sacramento. El único sacramento cátaro, el consolamento, otorgaba el apelativo «bueno» a las mujeres al igual que a los hombres, tras una preparación para pertenecer a la orden. Por eso podemos afirmar que las mujeres cátaras cumplieron un papel relevante en su comunidad: tras recibir el consolamento, bendecían el pan, predicaban, etc.; solo se les privó de formar parte de la jerarquía. Para conocer mejor a los cátaros, recomiendo consultar la obra Le vrai visage du catharisme, de Anne Brenon.

83: Declaración recogida en la obra *Hijas de Afrodita: La sexualidad femenina en los pueblos mediterráneos.*

www.ingramcontent.com/pod-product-compliance
Lightning Source LLC
LaVergne TN
LVHW010938110826
845149LV00013B/2660

* 9 7 8 8 4 0 9 8 0 2 6 6 1 *